반민특위 傳

조남준
역사만화

반민특위傳

청산의 실패, 친일파 생존기

이강수(국가기록원 학예연구관) 감수

한겨레출판

시작하는 말

　　나는 영화 <택시운전사>나 <1987>을 볼 때마다 눈물을 흘리곤 한다. 소년기와 청년기에 겪었던 두 사건은 나의 삶을 송두리째 뒤흔들었다. 이 일을 겪지 못한 젊은 세대가 영화를 보면서 나처럼 눈물을 흘리는지 아니면 자신과는 상관없는 그저 재미있는 이야기로 받아들이는지 궁금하다. 아마도 후자에 가깝지 않을까. 나에게 있어 8·15해방과 6·25전쟁이 역사책에만 존재하는 먼 이야기였던 것처럼 말이다.

　　하지만 이 사건들은 불과 내가 태어나기 십여 년 전에 일어난 일들이다. 요즘 젊은 세대와 5·18광주항쟁의 거리보다 나와 8·15해방, 그리고 친일파 청산을 시도했던 '반민특위(반민족행위특별조사위원회)'는 더 가깝게 자리하고 있다. 그리고 의외로 가까이에서 내 삶을 지배하고 있다.

　　'반민특위'의 실패로 되살아난 친일파들은 이후 대한민국의 권력구조에서 수십 년 동안 강고한 카르텔을 형성하며 우리 사회 전반에 영향력을 행사하고 있다. 그리고 그 뿌리가 너무도 깊어 살짝만 깨뜨리려 해도 목숨을 걸고 달려든다.

　　2000년대 초 처음으로 언론개혁을 시도했으나 언론탄압이라며 거세게 저항했고, 개혁은 실패로 끝났다. 2005년 사학재단 개혁을 추진했지만 당시 야당의 반발로 법안은 누더기가 되었다. 거슬러 올라가면 사학재단은 친일파의 토지나 재산 보존을 위해 설립한 경우가 대부분이다.

　　최근 검찰개혁을 둘러싼 논쟁이 한창이다. 세계 유례 없이 강한 검찰의 권력은 일제강점기 식민 통치를 원활히 하기 위해 만들어져 지금까지 이어져온 것이다.

　　일본과 역사 전쟁이 끝나지 않은 오늘날도 여전히 친일 망언이 쏟아지고 있다. 해방 후 발족한 반민특위가 격렬한 저항에 무너지는 과정을 보면 오늘 우리의 현실과 크게 다르지 않음을 알 수 있다. 싸움의 역사는 반복된다. 아니 조금씩 변화하며 진행된다. 반민특위는 한 번의 실패로 끝난 것이 아니라 현재 진행형이다.

　　이 책이 완성되는 데 많은 도움을 준 민족문제연구소와 감수를 맡아주신 국가기록원 학예연구관 이강수 님께 감사드린다.

2019년 11월
조남준

차 례

시작하는 말 **005**

1부_ 반민특위의 시작과 저항 **019**

청산의 첫걸음 **020**

반민족행위처벌법 주요 내용 **022**

격렬한 저항 **023**

이승만과 특위의 충돌 **025**

반민법 공포와 검거 시작 **028**

견제와 방해 **034**

노덕술을 지켜라 **036**

2부_ 반민족행위자를 잡아라 **045**

1. 정국은 검거 **047**

2. 김대우 검거 **049**

3. 김태석 검거 **051**

4. 이광수 검거 **058**

5. 최남선 검거 **064**

6. 최린 검거 **066**

7. 박중양 검거 **068**

8. 김연수 검거 **073**

9. 하판락 검거 **074**

10. 김덕기 검거 **078**

11. 방의석 검거 **088**

3부_ 특위를 둘러싼 이모저모 091
　　군과의 대립 **092**
　　투서함 **096**
　　돈방석과 뇌물사건 **097**
　　끊임없는 방해 공작 **100**
　　총기오발사건 **102**

4부_ 실패로 끝난 친일청산 105
　　특위습격사건(6·6사건) **106**
　　국회프락치사건 **125**
　　반민특위의 와해 **131**

5부_ 친일인명사전 수록대상 선정기준 139
　　01. 매국·수작(습작)과 일본제국의회 의원 ｜ 02. 중추원 ｜
　　03. 관공리 ｜ 04. 사법 ｜ 05. 경찰 ｜ 06. 군 ｜ 07. 친일·전쟁협력 단체 ｜ 08. 언론 ｜
　　09. 교육, 학술 ｜ 10. 개신교 ｜ 11. 천주교 ｜ 12. 불교 ｜ 13. 천도교 ｜ 14. 유림 ｜
　　15. 문학 ｜ 16. 음악, 무용 ｜ 17. 미술 ｜ 18. 연극, 영화 ｜ 19. 경제 ｜
　　20. 전쟁협력자 ｜ 21. 해외-만주 ｜ 22. 해외-일본 ｜ 23. 해외-중국, 러시아, 기타

　　끝내는 말 **172**
　　참고 자료 **179**

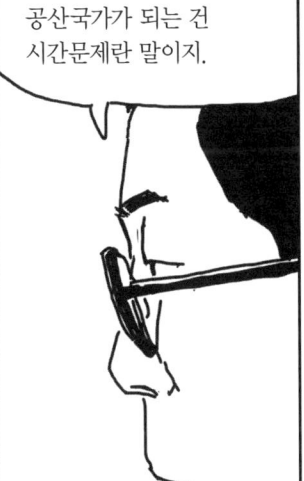

최난수와 홍택희가 밝힌 계획은 이랬다. 애국청년을 가장한 경찰이 38선 부근에서 이들 세 사람을 찾아내 처리한 후, 국회의원들이 월북하려 해서 즉결처분했다고 상부에 보고하는 것이다.

며칠 뒤 세 사람은 다시 시경 수사과장실에서 만난다.

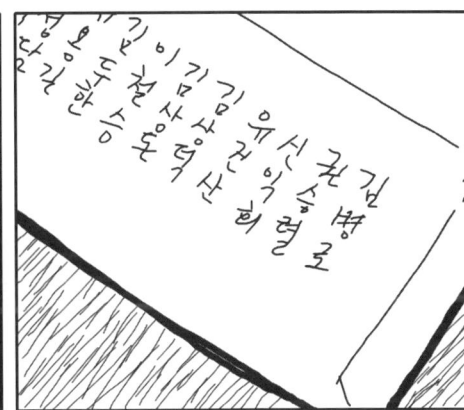

최난수, 홍택희가 노일환, 김장렬, 김웅진 외에 암살 대상자로 제시한 15명은 다음과 같다.

김병로 대법원장, 반민특위 재판장
권승렬 검찰총장, 반민특위 특별검찰부
신익희 국회의장
유진산 대한청년단
김상덕 국회의원, 반민특위 위원장
김상돈 국회의원, 반민특위 부위원장
이철승 전국학생총연맹 위원장
이청천 청년단체 관계자
김두한 대한청년단 감찰국장
서용길 반민특위 검찰관
서성달 반민특위 검찰관
오택관 반민특위 재판관
최국현 반민특위 재판관
홍순옥 반민특위 재판관
곽상훈 반민특위 재판관

김병로라면 대법원장.

신익희 선생은…

신익희와 몇몇 사람들은 반민법 제정을 지원한 인물이라 암살 대상에 추가했네.

아무리 그래도 15명이나 되는 사람을 감쪽같이 해치우기는 어렵습니다.

박흥식이 뒤에서 지원해주고 있으니 자금은 염려 말고 거사를 계획하지 그래.

1948년 9월 22일 반민법이 공포되자 국회는 후속작업으로 반민족행위특별조사위원회(반민특위) 구성을 서둘렀다. 12월 23일까지 중앙에 중앙사무국, 각 도 조사부에 사무분국을 설치하고, 특별재판관 15명과 특별검찰관 9명, 중앙사무국에 조사관과 서기관을 둠으로써 조직의 진용을 갖추었다.

반민특위 요원 암살음모는 백민태가 조헌영·김준연 의원에게 제보함에 따라 미수에 그치고 세상에 알려졌다. 검찰청 수사관들은 최난수와 홍택희를 긴급 체포하고 달아난 노덕술과 박경림을 수배한다.

암살사건을 지휘한 최대교 지검장

백민태

백민태는 자신이 단순한 테러리스트가 아니라 나라와 민족을 위해 일한다는 자부심을 가지고 있었다. 만주에서 일제에 항거하는 과정에서 임시정부와 독립투사들과도 줄이 닿아 있었다.
암살 대상자 중에는 백민태가 평소 존경하는 인물이 여럿 있었다고 한다. 이 때문에 결정적인 순간에 제보를 선택한 것으로 보인다.

노덕술

재판 받는 홍택희(좌)와 최난수

반민특위 요원 암살미수 사건은 연일 신문에 떠들썩하게 보도됐다. 1949년 6월 26일 최난수와 홍택희에게는 살인예비죄 및 폭발물취체법 위반죄로 각각 징역 2년이 선고되었고, 노덕술과 박경림에게는 증거불충분으로 무죄가 선고되었다.

그렇다면 왜 노덕술, 홍택희, 최난수 등 경찰 고위간부들은 반민특위 위원들을 암살하려 했을까요?

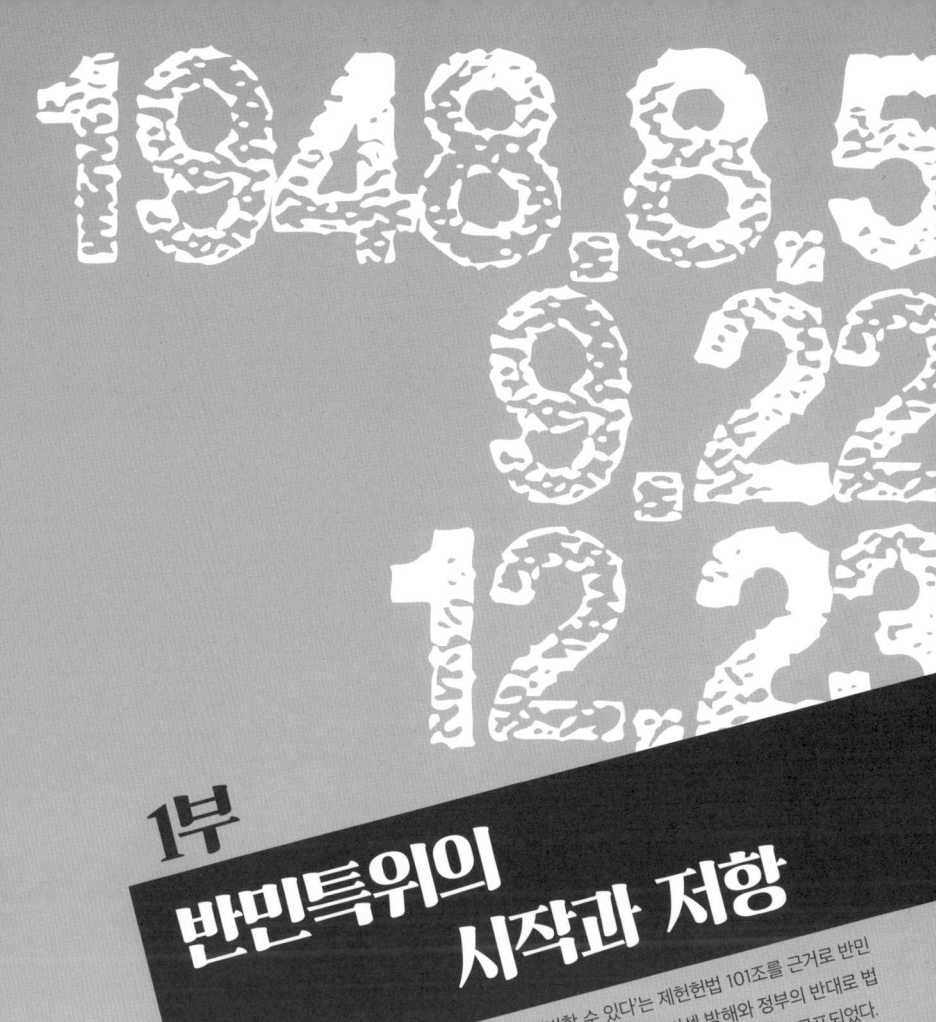

1부 반민특위의 시작과 저항

1948년 8월 5일 '일제하 악질적인 반민족행위를 처벌할 수 있다'는 제헌헌법 101조를 근거로 반민족행위처벌법 기초특별위원회 구성이 처음 발의되었다. 친일세력의 거센 방해와 정부의 반대로 법률공포 시한 만기일인 9월 22일이 돼서야 반민족행위처벌법은 대통령 이승만에 의해 공포되었다.

청산의 첫걸음

8·15해방은 왔다.
하지만 일제를 도와 민족을 배반하고
부귀를 누렸던 친일 반민족자들의
처벌은 뒤로 미루어야 했다.

1945~1948년 미군정이 통치하는 동안 '인재의 부흥'이라는 이유를 들어
부일협력, 친일세력을 관공직에 앉혀 통치체제를 구축했기 때문이다.
친일세력 숙청작업은 미군정이 물러난 후 본격적으로 시작되었다.

미군정으로부터 통치권을 이양받은 후 국회에서 친일파 처벌에 대한 논의가 본격적으로 시작된다.

국회건물로 쓰였던 구조선총독부

1948년 8월 5일 '일제하 악질적인 반민족행위를 처벌할 수 있다'는 제헌헌법 101조를 근거로 반민족행위처벌법 기초특별위원회 구성이 처음 발의되었다.

국회는 재적 155명 중 찬성 105명, 반대 16명으로 특위 구성안을 통과시키고 바로 서울과 도별 출신의원 각 3명, 제주도 의원 1명 등 총 28명으로 반민법 기초특별위원회를 구성하고 반민법 제정을 위한 토론을 진행한다.

1947년 미군정하 입법의원이 제정했던 이 법은 '입법의원을 한국민의 대표기구로 인정할 수 없다'며 미군정이 거부함으로써 수포로 돌아간 바 있다.

새로 법률을 만들기보다는

1947년 과도 입법의원에서 만든 '민족반역자 부일협력자, 간상배에 대한 특별법'을 참고합시다.

입법의원은 선거로 뽑은 게 아니라 대표로 볼 수 없어.

반민족행위처벌법 주요 내용

1. 한일합병에 적극 협조한 자, 한국의 주권을 침해하는 조약 또는 문서에 조인한 자 및 모의한 자는 사형 또는 무기징역에 처하고 그 재산 및 유산의 전부 혹은 2분의 1 이상 몰수한다.

2. 일본정부로부터 작위를 받은 자 또는 제국의회 의원이 되었던 자는 5년 이상의 징역에 처하고 그 재산 및 유산의 전부 혹은 2분의 1 이상 몰수한다.

3. 12개의 죄질을 구분, 악질적인 행위를 한 자는 사형 또는 10년 이상의 징역에 처하거나 공민권을 정지하고 그 재산 및 유산의 전부 혹은 2분의 1 이상 몰수한다.

4. 반민족행위를 예비 조사하기 위하여 국회의원 10인으로 특별조사위원회를 구성하여 그 밑에 서울시와 각 도 조사부를 두고 군마다 조사 지부를 설치한다.

5. 본 법에 규정된 대로 반민족행위자를 처벌하기 위하여 국회의원 5인, 고등법원 이상의 법관 6인, 일반 사회인 5인으로 특별재판부를 구성하며 국회에서 선출한 특별검찰부를 병치한다.

한 달 동안 격론 끝에 나온 반민족행위처벌법 주요 골자는 위와 같습니다.

격렬한 저항

대다수 시민과 언론들은
반민법 제정에 찬성하며 옹호하고 나섰다.

해방이 된 지 3년이 지난 오늘날까지
조국을 팔아먹고 동포를 괴롭혔던 악질적 친일파
민족반역자를 처단하라는 국민의 부르짖음은 무시된 채
관리로서 미군정 아래 구석구석·파고들어 앉았으며,
중요한 산업 부문에 뿌리박고 들어가 조금도 양심의 가책을
받음이 없이 뻔뻔스럽게 활개치고 있지 않은가. (중략)
이제 우리의 손으로 뽑아 내세운 대변자 국회의원들이
문제를 들고 나선 것을 쌍수를 들어 환영하며
문서상의 처단법에 그치지 말기를 부탁하는 바이다.
_ <경향신문>(1948년 8월 7일)

1948년 8월 26일 국회에서는 '친일파를 처단하라는 의원들은 빨갱이'라는 유인물이 뿌려지고 반민법을 추진하는 국회의원들에게 협박장이 날아든다.

반민법이 통과된 다음날인 1948년 9월 23일, 서울운동장에서는 내무부 주관하에 반민법반대국민대회가 개최되었다.
이종형(대한일보 사장)은 대회 당일 '반민법은 공산당 프락치의 소행이다.', '국회 내 김일성 앞잡이를 숙청하라.'는 내용의 전단을 살포했다.

이종형
(1895~1954)

강원도 정선 출생. 본인은 일본 와세다대를 졸업하고 3·1운동을 주동해 19년 형을 받았다고 주장하나 와세다대 졸업 명부나 재판기록 어디에도 그의 이름을 찾을 수 없다.
오히려 만주에서 의열단에 위장 가입하고 동시에 밀정조직인 만주보민회에서 고문 겸 군 재판관을 지내며 독립운동가 50여 명을 붙잡고 17명을 사형시킨 것으로 전해진다. 1942년 친일단체인 총진회를 조직했다.
일제 패망 후 여운형을 찾아 건국준비위원회에 가담하려 했지만 단번에 거절 당하고 이후 반공주의를 내세운다. 1946년에는 여운형 암살 교사를 찬양하다 미군정에 의해 신문이 정간처분 받았고 같은 해 적산 불법처분과 공금횡령으로 구속되어 서대문형무소에서 복역한다.
대한민국 제2대 국회의원에 당선됐으나 임기 중 교통사고로 사망한다.

이종형은 1949년 1월 9일 반민특위에 검거된다.

재판 과정에서도 고함을 치는 등 재판부에 정면으로 맞서 방청객들의 분노를 샀다.

이승만과 특위의 충돌

친일지주, 자본가들이 반민법 제정 반대운동 단체에 후원금을 지원하는 등 반민법 통과를 필사적으로 저지하는 가운데 이승만은 국무회의를 열어 만장일치로 반민법 거부를 결정한다.

지금 국회가 친일파 처리 문제로 사람들을 선동하여 민심을 이산시키는 건 나라에 손해가 될 뿐이다.

난 반댈세!

왜 국회가 지랄이고?

반민법을 추진한 국회와 이를 반대하는 이승만은 끝까지 충돌하게 되는데….

이승만이 반민특위와 대립한 주된 이유는 반민특위가 노리는 대상이 대부분 행정부 내의 현직 간부라는 데 있었다. 일제시대 관료들의 행정기술이 중요했던 신생국가이기도 했고, 김구나 여운형과 달리 국내 기반이 거의 없는 이승만으로서는 자신에게 충성하는 이들을 독자세력 구축에 활용할 수밖에 없었다.

국회는 크게 반발했다.
이 사건은 국회와 정부의 첫 충돌로 기록된다.

유진오
(1906~1987)

서울 출생. 소설가. 보성전문학교(고려대의 전신) 교수. 조선문인보국회 상무이사, 조선임전보국단, 국민총력조선연맹 문화부와 선전부 등 총독부, 친일단체에서 강연 기고 대담 등을 통해 일제 식민정책 옹호 활동을 했다.

"조선인은 일본국민으로 의무를 다해야 한다."(대동아공영 건설), "내선일체를 통해 조선인의 국민적 자각과 문화적 교양을 내지인과 동일한 수준으로 올려야 한다."(내선일체론), "반도인은 일본국민이고 국어는 일본어" "국민문학은 일본어로 창작해야 한다."(일본어 창작론)고 주장했다. 태평양전쟁이 터지자 "미, 영을 격멸하는 것이 세계사의 발전" "조선사람이 내지인과 평등해지려면 병역 지원을 해야 한다."면서 학병, 지원병 참여를 독려했다.

1945년 8월 16일 새벽

드르륵

저게 누구야? 이 좋은 술자리에 일제 앞잡이가 나타나다니.

소설가 이태준

쾅

아~아 내가 불렀어. 자중 좀 하게.

시인 임화

무슨 낯짝으로 해방된 날 돌아다니냐? 일본으로 꺼져!

유진오는 문인단체 회합에 나갔다가 망신을 당하고 쫓겨난다.

이후 그는 작가의 길을 접고 교육가, 법학자, 관료, 정치가로 나선다.
보성전문학교, 경성대학 교수를 역임하고 1945년 대학령, 학위령 등 교육의 근간이 되는 법령의 초안을 작성했다.
대한민국헌법기초위원, 초대 법제처장, 5·16군사정부 국가재건위원회 본부장과 UN한국협회 회장, 고려대학교 총장, 신민당 대표위원 및 총재, 경희대 명예박사, 자랑스러운 서울법대인….

1987년 고려대학교에 빈소가 마련되었으나 일부 교수와 학생들이 고려대가 친일자의 빈소가 될 수 없다며 철거를 주장

현민 빈소 사건이 발생합니다.

반민법 공포와 검거 시작

친일세력의 거센 방해와 정부의 반대로 법률공포 시한 만기일인
9월 22일이 돼서야 반민족행위처벌법은 대통령 이승만에 의해 공포되었다.
당시 불리한 여론과 국회에 계류 중인 법안 등 여러 가지 이유로
어쩔 수 없이 반민법을 공포하게 된 것이다.

위원장: 김상덕(金尙德, 경북)

부위원장: 김상돈(金相敦, 서울)

조사위원	김상덕(경북), 김상돈(서울), 조중현(경기), 박우경(충북), 김명동(충남), 오기열(전북), 김준연(전남), 김효석(경남), 이종순(강원), 김경배(제주 및 황해) 등 각 도 국회의원 대표 10명	
검찰	검찰관장: 권승렬 차장: 노일환 검찰관: 이의식, 심상준, 이종성, 곽상훈, 김웅진, 서용길, 서성달	
대법원	재판부장: 김병로(대법원장) 부장 재판관: 신현기, 서순영, 노진설(대법관 사법행정처장) 재판관: 이춘호, 김호정, 정홍거, 고평, 김용무, 김익영, 이종호, 최영환, 오택관, 최국현, 김장열, 홍순옥	
중앙사무국	총무과	과장: 이원용 서기: 최주용
	제1조사부 (정치방면 조사)	부장: 이병홍 조사관: 하만복, 김제용, 정진용, 양회영 서기: 서정욱, 구인서, 양재선, 하신철
	제2조사부 (산업경제방면 조사)	부장: 구연걸 조사관: 이량범, 강명규, 서상열, 이원용 서기: 윤영기, 정철용, 박우경, 유인상, 임영환
	제3조사부 (일반사회방면 조사)	부장: 오범영 조사관: 이덕근, 김용희, 신형식, 이봉식 서기: 박희상, 윤종득, 신영호, 강일선
	특경대 (특별위 수사 보조)	**특경대**(특별조사위원의 수사를 보조하기 위해 설치된 조직) 이병창, 정태흥, 김만철, 김려태, 정병헌, 서호범 등 47명 **특경대장**: 오세륜 **특경부대장**: 이병창
	서무계(경리, 문서, 인사, 교양)	
	수사계(조사, 정보)	
	경비계(경비, 보호)	

반민특위는
국회에서 예산을 받고
상공부로부터 사무실을 얻어
본격적인 활동을 시작한다.
반민특위가 첫 번째로
검거한 인물은
일제하 최고 재벌이었던
화신백화점 사장 박흥식이다.
(1949년 1월 8일)

반민특위 사무실로 사용했던 명동의 건물

박흥식
(1903~1994)

평남 용강 출생. 화신백화점 사장.
조선 최대 전쟁협력단체인 국민정신총동원조선연맹 발기인 및 이사.
일본에 비행기와 각종 국방헌금 헌납 등 전쟁협력.
일본의 정신과 국운을 비는 기원제 발기인.
"징병을 맞이하여 2500만 동포가 기쁨의 절정으로… 한 사람도 빠짐없이."라고 외치며 일제의 침략전쟁을 찬양하고 조선인 협력을 독려.
항일운동가를 전향시키는 총독부 경성보호관찰사, 총독부 시국대책위원회, 동양척식주식회사 감사, 조선총독부 물가위원회 위원, 조선중앙임금위원회, 조선수출공업협회, 조선영화제작주식회사, 식량협회 조선지부, 기계화국방협회 조선본부, 피복협회 조선지부, 조선무역협회, 조선부인아동복장소조합, 조선섬유잡화도매주식회사, 중요물자영단, 조선상공경제회, 조선석유주식회사, 경성방직주식회사, 조선방공협회 경기도연합, 임전대책협의회, 조선임전보국단, 국민동원총진회, 배영동지회, 헌납기성회, 미영격멸 내선단결 성전필승을 내건 대화동맹, 경성경제통제협력회, 강원도개발위원회, 조선중등학교제복제모업조합, 조선해수흥업주식회사, 동광생사주식회사, 조선평안철도주식회사, 조선생명보험주식회사, 조선비행기설립주식회사, 종로총궐기위원회… 등등등……

화신백화점

유일하게
조선인이 경영하는 백화점

끝도 없다…

박흥식은 비상계단을 통해 화신 뒷골목으로 도망치려 했으나 반민특위 조사관 이덕근이 시경 형사대 15명을 건물 출구마다 배치해 그를 검거할 수 있었다.
박흥식은 체포 당시 유효한 여권을 소지하고 있었다. 국외로 도망갈 계획을 세운 것으로 추정된다.

신문들은 반민특위 활동을 대대적으로 보도했다.
서울신문은 사설에서 '반민 행위자의 처단 모면의 간계를 방지하라'며 정부의 비호 아래 도피자가 늘고 있음을 지적했고, 한성일보는 '반민 해당자들 도피, 그대들은 어디로 가려냐'라는 기사를 통해 반민특위 활동에 찬사를 보냈다.

박흥식의 검거를 대대적으로 보도한 <서울신문>(좌)과 <조선일보>

모든 신문이 우호적인 것은 아니었습니다.

동아일보는 '설사 특별법이라고는 하나 입법 전의 사실에 소급하는 것이라든지, 형량이 도가 넘치면 보복으로 나오기 쉬운 점이라든지, 반민법을 발동하는 데 여러 가지 문제가 제기될 줄 안다. 동족이 서로 피투성이가 되어 쥐어뜯고 싸우는 일이 있어서는 안 될 것이며 … (중략) 항상 보복과 반목은 악순환하는 법'이라는 기사를 실었다.

박흥식은 후에 반민특위 와해와 함께 무죄로 풀려나 사업을 계속하다 1965년 한일기본조약을 체결할 때 박정희의 친서를 일본에 전달하는 등 밀사 역할을 한다. 1980년 화신그룹은 부도를 내고 해체되었다.

견제와 방해

1949년 1월 8일 박흥식이 검거되자 이승만은 1월 10일 담화문을 발표해 반민특위를 또다시 견제하고 나선다.

반민특위 부위원장 김상돈은 즉각 기자회견을 열어 반박했다.

> 지난날에 구애되어 앞날에 장해가 되는 것보다 … 국가 기강을 밝히기에 표준을 두어야 할 것이니 범죄자의 수를 극히 감축하기에 힘쓸 것. 증거가 불충분한 경우 관대한 편이 가혹한 편보다 도리가 될 것이다.

> 누구를 막론하고 특위에 간섭하지 못하고 간섭할 필요가 없다.

반민특위는 오히려 검거에 박차를 가해 경찰조직 안에 뿌리박은 친일자들을 검거하기 시작했다.

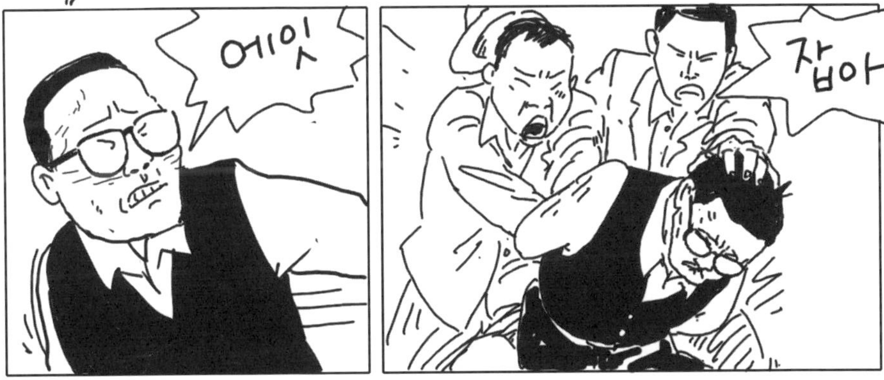

동화백화점 사장 이두철의 효창동 집

노덕술 위치를 안다고요?

팡

노덕술!!

에잇

잡아

반민특위 암살음모에 가담한 노덕술 전 서울시경 수사과장. 특위가 시민의 제보로 노덕술을 체포하기까지 많은 어려움이 있었다. 도피 중에도 무장경관의 호위 속에 경찰차를 타고 장차관 집에 드나드는 등 정부의 보호 아래 있었기 때문이다.

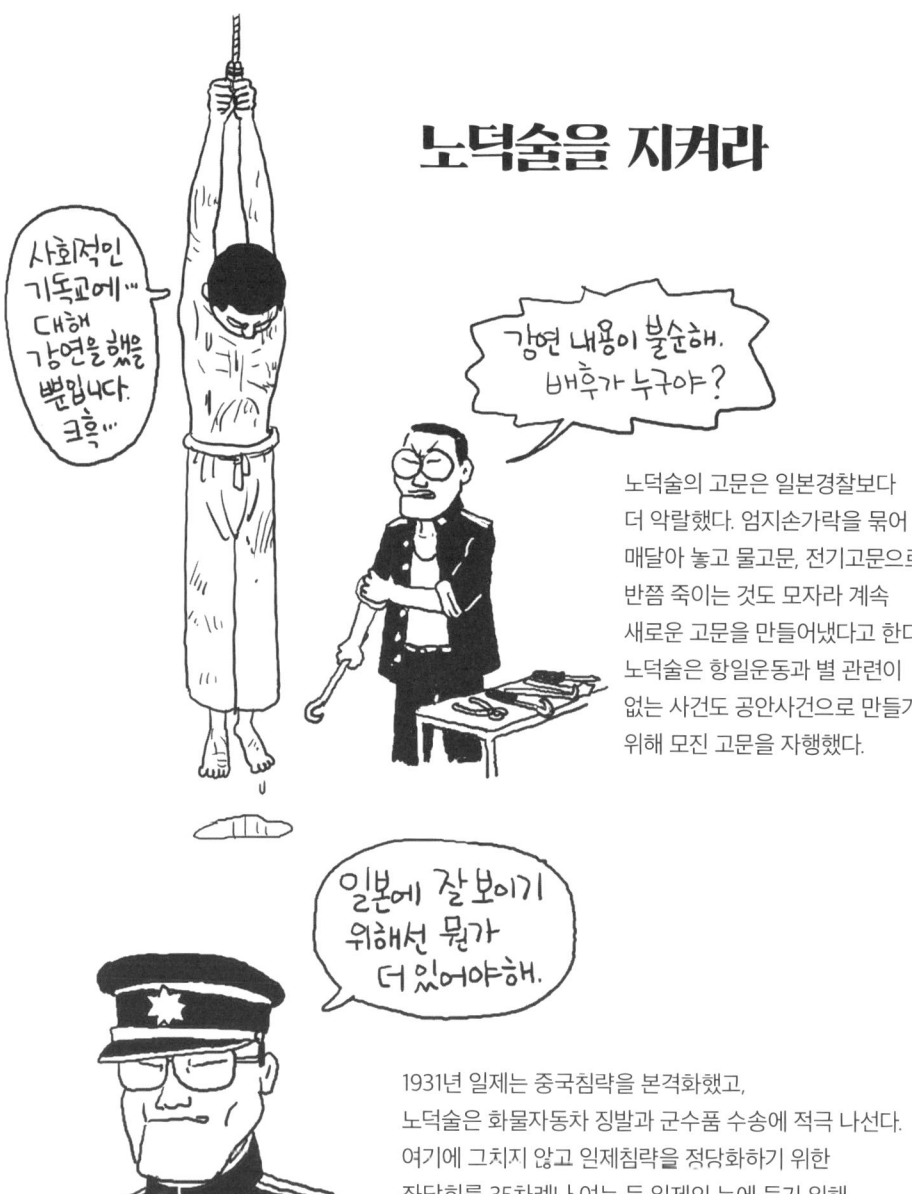

노덕술
(1899~1968)

경남 울산 출생.
일제순사로 출발해 수많은 독립투사, 항일단체 요원을 체포하고 경시(지금의 총경)까지 승진했던 대표적인 친일경찰.
동래경찰서 경부보로 재직 중이던 1928년, 동맹휴교사건으로 김규직, 유진흥 등을 체포해 고문하다 김규직을 숨지게 했다.
일본유학생들이 유치원생을 대상으로 개최한 강연회가 일본을 비난하는 불순한 내용이라며 강연자를 체포했고, 광주학생운동 석방운동을 했다는 이유로 동래보통고등학교 문재순, 추학, 차일명 등을 체포하고 고문했다.
이후 울산, 인천, 양주, 경기, 개성 등의 경찰서를 거쳐 평남 경찰부 경시까지 승진하며 수많은 독립투사를 체포했다.

6·25전쟁 당시 헌병 중령 노덕술(좌), 맨 우측이 최난수

독립투사 3명을 고문치사했다는 기사가 실린 당시 신문

1948년 1월 서울시경 수사과장으로 있을 때 수도경찰청장 장택상 저격 혐의로 체포된 박성근을 고문치사한 뒤 시신을 한강에 버린 혐의로 조사를 받다가 도주했다. 도주 중이던 10월 최난수, 홍택희와 반민특위 관계자 15명을 암살모의한 혐의로 반민특위에 검거된다.

석방이래~

반민특위 와해 후 무죄로 석방되는 건 굳이 설명 안 해도 알겠죠?

노덕술은 부패한 경찰의 표본으로 1923년 뇌물을 받고 사기죄로 고소당하기도 했다. 반민특위에 잡혔을 때 재산이 60~70만 원에 이르렀다. 당시 기준으로 80kg 쌀 8만 가마를 살 수 있고, 현재 시세로 따지면 100억 원이 넘는 돈이다.

노덕술은 2014년 '자랑스러운 울산인' 후보 581명 중 한 명으로 선정되지만 지역시민단체와 여론의 반발로 제외되었다.

***특경대**: 반민특위 조사국에서 체포 지시를 받아 반민사범을 잡아오는 역할을 했다. 총 47명으로 전현직 경찰 출신이나 일반인 중에서 선발했다.

이승만은 또 '반민특위의 독자적인 특별재판부와 특별검찰부를 없애 대검찰청에 예속시키고, 조사위원, 특별재판관, 특별검찰관은 국회에서 선출하여 대통령이 임명한다.'는 내용의 반민법 개정안이 국무회의에서 통과되었다고 발표한다.

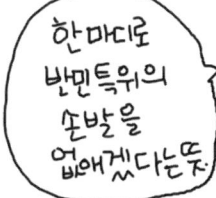

반민특위와 각계는
발칵 뒤집혔다.
김상덕 위원장은
다시 반박성명을 발표한다.

불법체포와
금고 내 감금이라니….
사실무근일 뿐 아니라
오히려 정부는 친일자를
보호하고 있지 않은가.

공개리에 신문받는 反民法피의자
<경향신문>

반민특위는
적법한 것입니다.

대법원장이자 반민특위 특별재판관인
김병로도 이승만에 반박한다.

머리가 하얗게
세겠어.

반민법 개정안이 국회의 거센 반발을
불러오고 사법부 최고책임자인
김병로까지 반민특위의 손을 들어주자
이승만의 입장은 난처해진다.

2부 반민족행위자를 잡아라

반민특위는 1949년 1월 8일부터 그해 8월 31일까지 240일 동안 반민자 682명을 조사하고 559명을 검찰로 송치한다. 그러나 재판 종결로 형이 선고된 반민자는 12명뿐이며 그중 5명은 집행유예로 풀려나 실제 처벌을 받은 자는 7명밖에 되지 않았다.

반민특위는 1949년 1월 8일부터 그해 8월 31일까지 240일 동안
반민자 682명을 조사하고 559명을 검찰로 송치한다.
173명은 사는 곳을 알 수 없거나 일본으로 도망가 끝내 체포하지 못했다.

친일자를 처단하라는 군중의 분노로부터 보호하기 위해 용수를 씌웠습니다.

영장 발부 408건, **체포** 305건, **미체포** 173건, **자수** 61건,
석방 84건, **영장 취소** 30건, **기소** 221건

도별 송치 건수
서울 282건, 경기 32건, 황해 26건, 충남 25건, 충북 26건, 전남 27건,
전북 35건, 경남 50건, 경북 34건, 강원 19건

<해방전후사의 인식 1>

짧은 기간 동안 총 취급 건수는 많은 것 같지만

재판 종결로 형이 선고된 반민자는 12명뿐. 그중 5명은 집행유예로 풀려나 실제 처벌자는 7명밖에 안 되었습니다.

반민특위가 무너진 이후 미결로 남아 있던 나머지는 대부분 무죄로 풀려납니다.

1. 정국은 검거

정국은(1919~1954)
국제신문 편집국장. 1949년 1월 21일 검거되었다.

정국은이 반민자로 잡히자 시민들은 의아해했다.
30대 초반의 5대 중앙지 편집국장으로 박흥식을 규탄하는 데 열렬히 참여했기 때문이다.
일제 때 조일신문 서울특파원을 지내며 일본경찰에 민심 동향 등 정보를 수집, 제공하고
일제 식민정책에 협력한 죄로 언론인 최초로 검거되었다.

소문에 따르면 정국은은 일본으로 가는 선박은
반민특위의 감시가 심할 거라 예상하고,
중국 상해로 출발하는 배편을 알아보고 있었다고 한다.

어이 김 기자, 요즘 재미 좋아? 취재 왔나?

고생이 많네.

고생은 무슨… 하하, 난 괜찮으니 걱정 말게. 요즘 사회면 톱기사는 뭔가?

제주 4·3필화사건으로 국제신문은 폐간당했네.

내가 있었다면 그런 일은 없었을 텐데….

정국은은 1954년 연합신문 동경특파원으로 재직 중 간첩사건에 연루돼 총살당한다.

2. 김대우 검거

김대우(1900~1976)
도지사, 참여관, 사무관.
일제 때 전라북도 도지사를 지냈으며 황국신민서사를 최초 입안했다.
'우리는 황국신민이다. 충성으로 군국에 보은하자.'
해방 당일까지도 "조선의 참된 독립은 어렵다. 일본과 조선은
손을 맞잡고 단결해 나가지 않으면 안 된다."고 도청 직원들에게 훈시했다.
내선일체와 학군 지원, 국민정신총동원을 위해 수많은 강연을 하고 글을 썼다.

3. 김태석 검거

김태석(1882~?)
중추원 참의, 참여관, 경시.
일제하 고등경찰과에서 활동하며 조선총독 사이토에게
폭탄을 투척한 강우규와 관련자인 허형, 최자남, 오태영을 검거했다.
그 밖에 수많은 독립투사를 체포해 경시까지 승진했으며,
군수를 거쳐 중추원 참의까지 오른다.
고등경찰로 악명이 높아 임시정부로부터 칠가살(七可殺)로 지목되었다.

강우규 의사

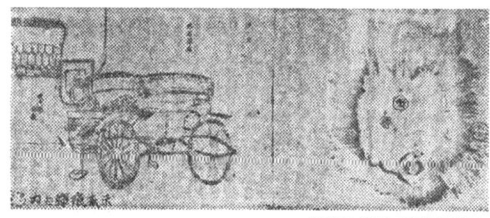

<강우규 의사 폭탄 투척도>

강우규는 1919년 9월 2일 4시, 경성역에서 새로 부임하는 총독 일행을 향해 폭탄을 던지지만 빗나가고 만다. 2명이 죽고 37명이 중경상을 입었으나 사이토 총독은 혁대에 파편을 맞았을 뿐 크게 다치지 않았다. 강우규는 사건 15일 후 종로서 형사 김태석에게 잡혀 사형을 당한다.

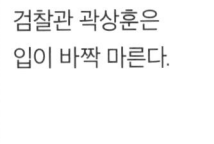

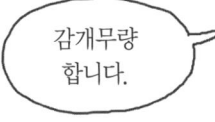

4. 이광수 검거

이광수(1892~1950)
소설가, 시인, 평론가, 언론인.
"성전의 용사로 부름받은 그대 조선의 학도여. 학병을 그대 무엇으로 주저하는가. 충 없는 효 어디 있으리. 자손의 영광과 번창이 이 싸움 안 이기고 어디서 나리. 그대들의 나섬은 그대 가문의 영광이며 삼천만 조선인의 살 길"이라며 다양한 친일행각을 벌였다.

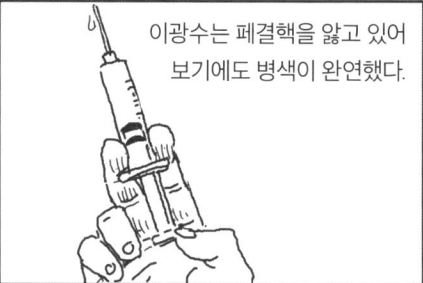

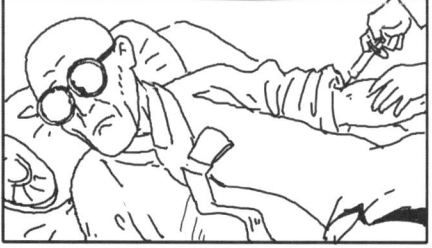

조선문학은
'나는 일본의 신민이다.'
라는 새로운 감격을
기조로 국민문학성을
강하게 가지자.
_<내선일체와 국민문학>

씩씩한 우리 아들들은 총을 메고 전장에 나가고
어여쁜 우리 딸들은 몸뻬 입고 공장에 나서네.
(중략) 이날 설날에 반도 삼천리도 일장기
무한한 영광과 희망의 위대한 새해의 바다.
_'새해', <매일신보>

내가 가야마라는 일본적인 명으로 개한 동기는
황송한 말씀이나 천황어명과 독법을 같이하는
씨명을 가지자는 것이다.
깊이깊이 내 자손과 조선민족의 장래를 고려한 끝에
이리하는 것이 당연하다는 신념에 도달한 까닭이다.
나는 천황의 신민이다. 내 자손도 천황의 신민으로
살 것이다. 이광수라는 씨명으로도 천황의 신민이
못될 것은 아니나 가야마 마쓰로가 조금 더 천황의
신민답다고 믿기 때문이다.

_'창씨와 나', <매일신보>

조선인은 전면 조선인인 것을 잊어야 한다고
아주 피와 살이 일본인이 되어버려야 한다고
이 속에 진정으로 조선인의 영생의 유일로가 있다.
_<심적 신체제와 조선문화의 진로>

"한때 2.8독립선언서를 쓰고 천재소설가란 소리를 들었던 이광수."

"도산 안창호의 민족운동 영향을 받아 임시정부에서도 활동했던 그가 자서전 〈나의 고백〉을 통해 친일에 대한 생각을 자세히 쓰고 있습니다."

- 병자호란 때 수많은 처자가 심양으로 끌려갔다. 인조는 돌아오는 여자들은 모조리 홍제원에서 목욕하게 하고 정조 문제를 거론하는 자는 엄벌하겠다는 명을 내린다. 이리하여 수백의 아내와 딸들이 다시 아내가 되고 어머니가 된 것이다. 그때 깨끗한 자와 더럽혀진 자를 일일이 심문하여 처벌을 했다면 어떻게 되었을까.
- "왜놈보다 더하다."는 조선인 순사가 그래도 일본인보다 낫지 않은가. 어디나 악질적인 자가 있을 수 있으나 배추 하나 썩었다고 밭을 갈아엎을 것인가.
- 40년 통치기간 동안 일본에 협력하는 것은 불가피한 일이었다.
- 로마에 혁명이 있을 때마다 반대파를 숙청하여 인재가 감소한다면 로마에 이로울 것이 없으므로 원로원에서 망각법을 발표한 것이다.
- 미국 남북전쟁 후 사면법은 남북통일의 계기가 되었다.

_〈나의 고백〉

"1948년 12월 집필된 〈나의 고백〉이 반민특위 발족 시기와 같은 것은 우연이 아닐 겁니다."

"변명으로 일관된 〈나의 고백〉은 오히려 사람들의 공분을 샀지만 현재 친일옹호론자들의 논리와 맥을 같이 하고 있습니다."

"이광수가 옥중에서 도쿠토미 소호에게 보낸 편지를 잠깐 보죠."

내 자식이 되어 달라는 선생의 말씀을 들은 지 5년이 지나 오늘에서야 선생의 간곡한 부탁을 따르게 되었습니다. (중략) 그러나 옥중에서 병을 앓으면서 깊은 반성과 함께 생각할 수 있는 기회를 갖고 조선민족의 운명에 대해 확신을 얻었습니다. 이는 무엇보다 다행한 일입니다. 조선인은 앞으로 텐노(천황)의 신민으로서 일본 제국의 안락과 근심걱정을 떠맡고 나아가 그 광영을 함께 누려야 한다는 사실을 깨닫고 국민수업에 전념하게 되었습니다. 이제 조선이야말로 텐노 중심주의로 나가야 합니다.

"도쿠토미 소호가 누구기에 이광수를 변절시켰을까요."

도쿠토미에게 보낸 이광수의 친필 편지

도쿠토미 소호
400권의 저서를 집필할 만큼 탁월한 문필로 일본의 사관과 식민통치 이론을 정립한 우익 언론인이다. 언론의 중요성을 강조하며 조선총독부 기관지인 매일신보 하나로 언론통폐합을 주도한다.

첫째, 조선인에게 일본의 통치가 불가피함을 마음에 새기도록 한다.
둘째, 식민통치로 자신들의 이익이 따른다고 생각케 해야 한다.
셋째, 통치에 만족하여 복종하게 하는 데 있다.
_<통치 방법, 목적에 대한 총론>

"이광수는 아들과 같다."

"빈곤한 대학생이었던 이광수가 소설 <무정>을 당시 유일했던 신문 매일신보에 연재했듯이"

"도쿠토미 소호는 언론통폐합을 통해 조선의 지식인을 일본의 영향 아래 묶어 버립니다."

5. 최남선 검거

최남선(1890~1957)
중추원 참의, 만주국 건국대학 교수.
이광수, 홍명희와 더불어 당대 최고의 문필가였던 최남선은 3·1운동의 주역으로 독립선언문을 작성했다. 1925년 총독부 산하 조선사편집위원회 위원, 중추원 참의 등 일본에서 임명하는 주요직을 맡으며 시국강연과 글을 통해 친일행위에 앞장선다. "학도여 성전에 나서라, 보람 있게 죽자." "일본의 존재와 발흥은 아시아의 기운이요 동방의 빛." "특공대의 정신으로 성은에 보답." "조선동포도 거룩한 사업에 참가하여 일본국민으로 그 추진력의 일부." 등의 글을 쓰고 이광수와 함께 일본으로 건너가 유학생들에게 학병, 징병 참여를 독려하는 강연도 한다.

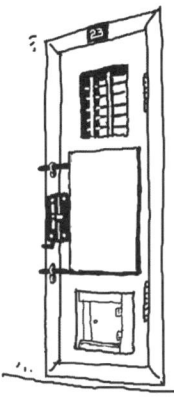

… 나는 일평생 한길로 일심 매진한 것을 자신한다.
중간 간랄(艱辣)한 환경, 유약한 성격이 내 겉에 흙을 바르고
가미를 씌웠을지라도 그때 외적 변모일 뿐 내 진심은
변하지 않았다. 시종일관 민족과 조국을 벗은 일은 없다.
그러나 조선대중이 나에게 기대하는 점,
어떠한 경우에도 청고한 지조와 강렬한 기백을 지켜 달라는
상식적 기대를 위반했다.
(중략)
반민법 뒤에 국민대중이 있음을 알며,
그러니 비판과 요구가 표현된 것을 알기에
공손히 이 법의 처단에 모든 것을 맡겨 엄정한 재단을 기다린다.
-〈자열서〉

최남선은 곧바로 보석으로 풀려나 5월에 공판을 받았다.
자열서는 재판부에 참회의 뜻으로 제출했다.

6. 최린 검거

최린(1878~1958)
중추원 참의, 매일신보 사장.
민족대표 33인 중 한 명으로 3·1운동에 참여하여
3년간 옥고를 치르고 1921년 출소했다.

공판장 태극기 옆에는 독립선언문이 붙어 있었다.

민족대표 33인 중에는 최린의 이름도 보였다.

피고인 최린, 9년간 중추원 참의를 지내며 조선총독부에 기여하고

총독부의 기관지 매일신보 사장에 취임하여 중일전쟁에 협력케 하고,

임전보국단 단장에 취임하여 전쟁협력 강의와 채권을 판매하고,

7. 박중양 검거

박중양(1872~1959)
일본제국의회 의원, 귀족원 의원, 중추원 부의장, 도지사.

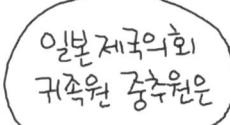

일본제국의회 귀족원 중추원은

한일합병에 적극 가담하거나 일제침탈에 앞장서서 협력한 자로 친일 반민족자 중에서도 제일 우두머리에 속합니다.

박중양은 양자설이 있을 정도로 이토 히로부미의 총애를 받았고, 영전과 직위 훈장을 받으며 부귀영화를 누렸다. 러일전쟁 당시 통역관으로 일본군에 종군하며 신임을 얻고, 이토 히로부미의 후원으로 대구군수 겸 경북관찰사 서리로 승진한다.

"소생이 일신을 바쳐 이 땅을 위해 진력하고자 함에는
일본인 제군의 지도편달에 달려 있습니다. 이 땅의 한국인들이 희망하는 바는
귀국인이 스승으로서 책임을 느껴야 한다는 것입니다."
- '일한민간친회'에서(1908년 12월)

1909년 이토 히로부미가 경상도를 순시할 때

뭐야?

박중양은 일장기를 게양하지 않았다는 이유로 대구 수창학교 폐교를 건의할 만큼 충성도는 최고였다.

저런 학교는 없어져야 마땅.

3·1운동이 일어나자

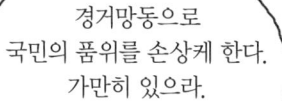

불온한 행위를 하는 사람을 바로 경찰에 신고하도록 대구자제단을 만들었다.

3·1운동 탄압에 협력한 공으로 훈3등 서보장을 받는다.

도지사, 중추원 참의를 거쳐 중추원 부의장, 귀족원 의원까지 승진한다.
조선인 출신 귀족원은 10명밖에 없을 정도로 특별한 예우를 받았다.

박중양은 1949년 12월 대구에서 체포돼 서울로 압송되었다.
당시 나이 75세로 특위에 검거된 반민자 중 최고령이었던 그는
병보석으로 바로 풀려났다.

체포 당시 그의 서재에는 나라를 바치는 내용의
'우원(우가키) 총독을 맞으며'라는 연설을
녹음했던 레코드판이 있었다.

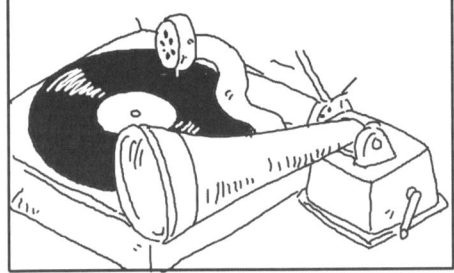

이런 걸 자랑스럽게
보관하다니…

전 국민이 친일할 수밖에
없지 않았느냐.

일제시대로 인해
현대 조선으로 개선되지 않았느냐.

일기 형식으로 기록된 그의 회고록을 보면
반성은커녕 친일에 대한 소신을 굽히지 않았다.

지시를 받은 보은군수 김재호는 만여 호의 군민들을 동원해 말티재 확장공사를 한다.

1924년 12월 26일 박중양은 사이토 마코트 총독 부부와 함께 법주사를 찾아 대법당에서 술판을 벌였다.

박중양은 여승 200명 중 젊고 아름다운 6명을 뽑아 술시중을 들게 한 후 20살 비구니 양순재를 데리고 사라졌다. 며칠 후 양순재는 수치심과 분노를 견디지 못하고 스스로 목숨을 끊고 만다.
―〈동아일보〉(1925년 3월 6일)

충북 공주시 공산성 문화유적지 안에는 '도장관 박중양 불망비'가 세워져 있다.
비문에는 惟公善政 民不能忘(유공선정 민불능망, 도지사로서 베푼 선정을 생각할 때 백성이 어찌 잊을 수 있으리오.) 이라고 새겨져 있다.

8. 김연수 검거

김연수(1896~1979)

중추원 참의, 국민총력조선연맹 후생부장.
전북 대지주의 아들로 동아일보 설립자 김성수의 동생.
1934년 삼양사를 설립하고 거액의 헌금을 일본에 기부,
군수산업에 뛰어들어 전쟁을 지원했다.

김성수(좌)와 김연수

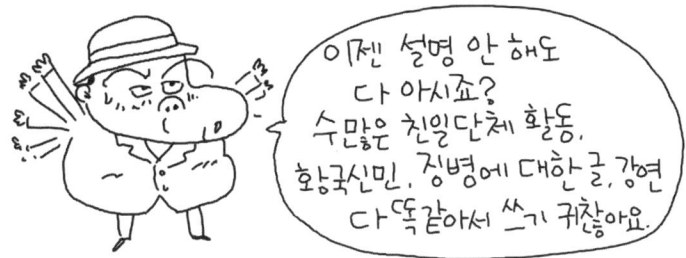

김연수는 형 김성수와 함께 친일인명사전에 나란히 등록되어 있다.

1949년 1월 21일 붙잡혔던 김연수는 3월 30일 구속자 중 처음으로 석방된다.
대부분의 반민자들과 달리 변명하지 않고 죄를 인정해 재판부로부터 정상참작을 받아
무죄로 석방된다.

9. 하판락 검거

하판락(1912~2003)
경남 진주 출생.
1934년 순사 채용시험에 합격한 후 경남에서 순사로 근무하다
1941년 경남 경찰부 고등경찰과 순사부장으로 승진했다.
반민특위에 체포되었으나 특위 해체 후 병보석으로 풀려나
90세가 넘도록 장수했다.

하판락이 처음 알려진 건 신사참배를 거부한 기독교인들을
끔찍하게 고문하면서부터였다.

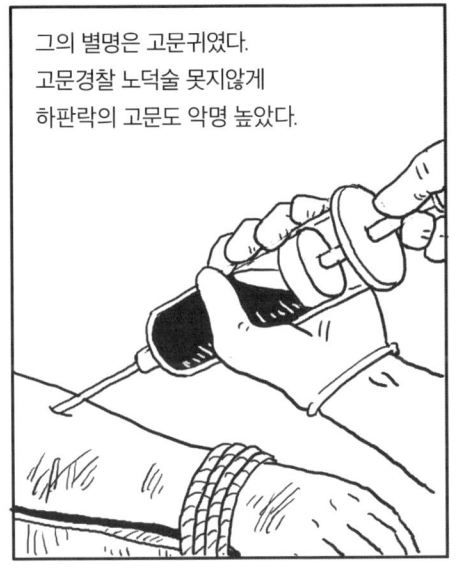
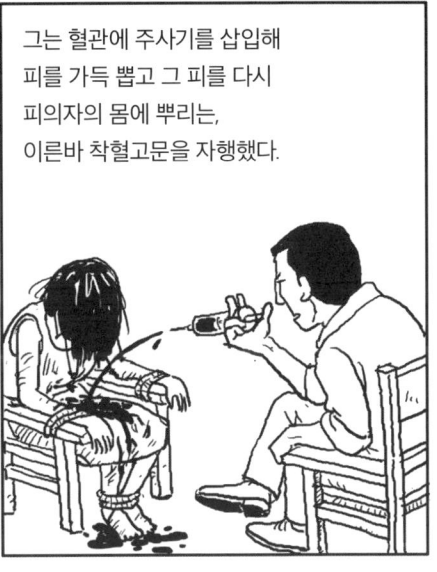

1943년 일제의 군수공장이던 부산 조선방직을 폭파하려던 '친우회 불온전단사건'으로 여경수, 이미경, 이광우 등 7~8명이 체포되었다.

하판락은 비슷한 시기에 검거된 울산·부산ML(마르크스레닌)연맹사건과 연계시키기 위해 착혈고문을 수없이 자행했다. 이로 인해 이미경, 여경수, 손모 씨 등 3명이 옥사하고, 나머지 살아남은 사람들도 대부분 반신불수가 되었다.

"하판락은 사람이 아니라 인두겁을 쓴 짐승입니다."

"고문을 당하는 것보다 더 끔찍한 일은 다른 이가 고문당하는 걸 지켜보는 일입니다."

고 이광우 선생
17세이던 1943년 친우회사건으로 여경수 등과 함께 체포됐다.

해방 후 하판락은 승진을 거듭하며 승승장구했다.
미군정의 '일제관리 재등용 정책'에 따라 1946년 경상남도 제7경찰청 회계주임으로 근무하면서 일본 적산 처리에 관여해 엄청난 부를 축적했다.

"임자 없는 땅, 건물, 공장…."

하판락

하판락이 부산에서 체포되자 부산 시민들은 압송에 반대했다.

"오H?"

_고원섭, <반민자 죄상기>(1949년)

하판락은 재판에서 자신의 죄를 끝까지 부인했다.

하판락은 반민특위 해체 후 병보석으로 풀려난다. 이후 축적한 재력을 이용해 부산지역에서 목재업을 했으며, 신용금고 운영 등 금융사업가로도 변신해 부를 쌓아간다. 하판락은 경남도의원 선거와 부산시의원 선거에 출마했으나 두 번 모두 낙선했다. 지역에서 기부금을 내는 등 노인복지에 기여한 공으로 1997년 부산시장상을 받는다.

고 이광우 선생

10. 김덕기 검거

김덕기(1890~?)
강원도 양양 출생.
주로 평안북도에서 고등경찰로 지내며 1천여 명의 독립군을 체포 또는 살해했다.
1924년 조선총독이 주는 경찰 최고의 훈장인 경찰관리 공로기장을 받았다.
1928년 쇼와 천황 즉위기념 대례기념장을 받았다.
1934년 훈6등 서보장을 받았다.
1934년부터 전라북도, 함경남도, 평안북도, 경상남도에서 행정관료를 지내며 일제를 위한 근로보국 시국인식 강화에 힘썼다.
1949년 반민특위 특별재판부에 의해 사형이 선고되었으나
1950년 6·25전쟁 직전 감형으로 석방되었다.

1949년 2월 김덕기는 경기도 양주에서 체포되었다.

김덕기는 체포된 지 25일이 지나서야 입을 열기 시작했는데

그의 죄과가 어마어마해
조사관 양회영은 입을 다물 수 없었다.

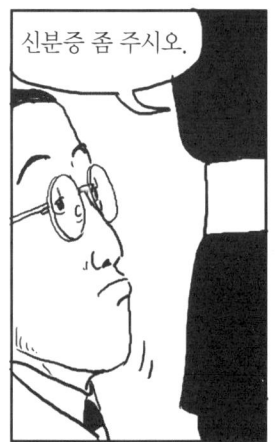

김덕기는 5월 거사를 위해 움직이던 조동근, 홍종우, 백영부, 조영자 등을 검거했다. 뒤이어 김시현, 황옥도 경기도경찰 김태석에게 체포되면서 일제의 여러 기관들을 폭파하려던 계획은 수포로 돌아갔다.

재판받는 황옥(좌)과 김시현

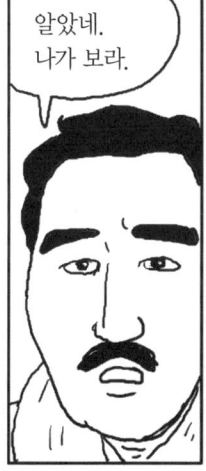

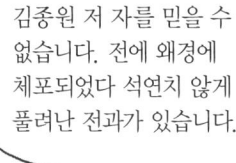

오동진은 수상한 낌새를 눈치채고 흥도진역에서 내렸으나
미리 잠복해 있던 신의주경찰대에 붙잡히고 말았다.

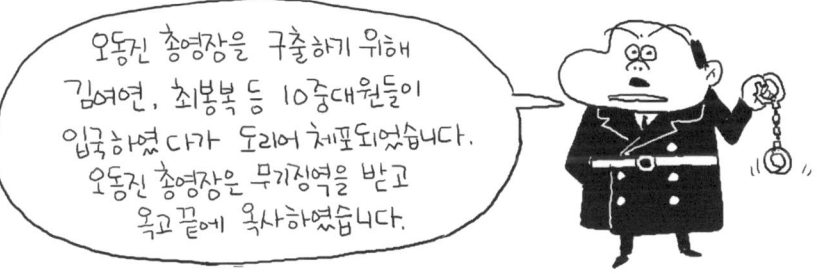

오동진 총영장을 구출하기 위해 김여연, 최봉복 등 10중대원들이 입국하였다가 도리어 체포되었습니다. 오동진 총영장은 무기징역을 받고 옥고 끝에 옥사하였습니다.

김덕기가 반민특위 재판을 받고 있다.
원내는 옥사한 오동진 의사
-<경향신문>

한국혁명군 이응서를 체포했고,
안창호를 공산주의자로 몰아 중국정부로
하여금 체포케 했다.
이 밖에도
주요시설물 폭파 방지를 위한 보호와 경계,
민심 사찰, 유언비어 취체, 시국 민론 지도 등
일본군에 적극 협조하고 민족압살에 앞장선 것은
용서할 수 없는 죄상으로
수많은 애국투사의 정신을 길이 살리기 위하여
반민법 제3조, 4조 3항, 6항, 10항에 비추어

사형을 언도한다.

김덕기는 고개를 떨구며 비틀거렸고,
방청석에서는 환호와 박수가 쏟아졌다.

반민특위 체포자 중 처음으로 김덕기에게 사형이 선고되었습니다.

평북 고등과 사찰주임으로 악명을 떨친 김덕기.
검거한 사상범은 무려 1천 명.
그중 9.6%가 사형, 9.4%가 무기징역을 받았으며,
7년 이상 징역형이 10%,
1년 이상이 71%에 달했다.

김덕기는 재심 청구를 했으나 각하되고,
사형이 확정되었다.
그러나 6·25전쟁 직전 감형으로
석방되어 기록으로만 사형을 남겼다.

11. 방의석 검거

1949년 1월 15일 특위는 조사관들을 급파해

삼척에서 웬 부자가 거액을 주고 밀선을 샀다는 정보가 특위에 포착되었다.

조심스럽게 하수인을 미행하기 시작했다.

밀항자의 은둔 장소를 알아낸 특위는

일본으로 밀항하려던 방의석을 체포한다.

"이런, 내일이면 내레 떠날 수 있었는디…"

방의석(1895~1958)
함경남도 북청 출생.
함흥 일대의 운송권을 독점해 '조선의 자동차왕'이라고 불렸다.
일본군에 비행기 2대를 헌납하고 학병을 찬양했으며 중추원 참의까지
지냈다. 해방 후 북한에서 15년 형을 받았으나 탈출해 월남했다.

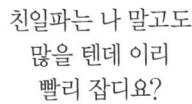

친일파는 나 말고도 많을 텐데 이리 빨리 잡디요?

특위의 검거가 시작되자 반민자들은 일본으로 밀항하는 등 도피하기 바빴다. 그중 또 다른 도피처가 있었으니 바로 군이었다.

친일 기업인, 언론, 예술계, 경찰, 귀족, 관공리 등을 검거하던 반민특위는

드디어 군까지 손을 대기 시작합니다.

그러나 결과는 어떻게 될지···

3부
특위를 둘러싼 이모저모

사회 각 분야에 뿌리박고 있는 친일세력의 반민특위 와해 공작은 시위, 암살, 테러, 모략 등 전방위적으로 이루어졌다. 강경파였던 김명동 의원 뇌물사건, 김상돈 부위원장 해임안 발의, 총기오발사건 등이 대표적이다.

군과의 대립

반민특위가 반민법 제정 논의를 시작하자
경찰 내부에 남아 있던 일제경찰 출신들의 동요는 커졌고
이들 중 이익흥, 윤우경, 김정채, 전봉덕 등 많은 자들이 헌병대로 자원해 들어갔다.

헌병사령관 원용덕은 재빨리 이들을 받아들여 영관급으로 임명하고
이들의 충성심을 이용해 군과 정계에 영향력을 행사한다.

원용덕(1908~1968)
만주군 입대. 중령에 해당하는 중교까지 승진.
해방 후 월남하여 국방경비대 사령관, 헌병사령관 등을 지내며
이승만의 오른팔로 각종 정치사건에 개입했다.
4·19혁명 후 이승만 시절 있었던 조봉암의 선거참모
김성주 살해사건의 주모자로 15년 형을 선고받는다.

만주군 장교들

채병덕(1914~1950)
역시 일본 육사 출신. 일본군 육군 소위로 임관해 중포 장교 복무.
해방 후 1948년 국방부참모총장이 되었다.

해방 후 미군정이 설치한 국방경비대가 일본군 출신 장교들을 받아들이면서
1948년 국방경비대가 대한민국 국군으로 개편될 때
친일부역 군인들이 사실상 군을 완전히 장악하게 된다.
군의 자료를 보면 6·25전쟁 직전 장성급 영관급은 대부분 일본군 출신으로 채워져 있다.

6·25전쟁 직전 장교 경력

직책	계급	이름	나이	이전 직책
총참모장	소장	**채병덕**	35	일본군 소령
제1사단장	대령	**백선엽**	30	만주군 중위
제7사단장	준장	**유재흥**	29	일본군 대위
제6사단장	대령	**김종오**	29	일본군 소위
제8사단장	대령	**이성가**	28	중국군 소령
제2사단장	준장	**이형근**	30	일본군 대위
제5사단장	소장	**이응준**	59	일본군 대령
제3사단장	대령	**유승렬**	60	일본군 소령
수도경비사단장	대령	**이종찬**	34	일본군 소령
독립제7연대장	대령	**백인엽**	28	일본군 소위

역대 육군 참모총장 부일 경력자

1대	**이응준**(일본 육사 26기)	일본군 장교
2대 4대	**채병덕**(일본 육사 49기)	일본군 장교
3대	**신태영**(일본 육사 26기)	일본군 장교
5대 8대	**정일권**(일본 육사 55기, 봉천군관학교 5기)	
6대	**이종찬**(일본 육사 49기)	일본군 장교
7대 10대	**백선엽**(봉천군관학교 9기)	간도특설대
9대	**이형근**(일본 육사 56기)	일본군 장교
11대	**송요찬**	지원병, 일본군 장교
12대	**최영희**	일본군 장교
13대	**최경록**	지원병, 일본예비사관학교
14대	**장도영**	일본군 장교
15대	**김종오**	일본군 장교
16대	**민기식**	일본군 장교
17대	**김용배**	일본군 장교
18대	**김계원**	일본군 장교
19대	**서종철**	일본군 장교
20대	**노재현**	일본군 장교
21대	**이세호**	일본군 장교

반민특위 위원들이 큰소리는 쳤지만 결국 군대 내 친일자들은 한 명도 건드리지 못합니다.

투서함

반민법 해당자들에 대한 자료 부족은 반민특위의 애로점이었다. 해방 후 보복이 두려워 이사를 하거나 은둔을 해버린 탓에 친일자들의 소재조차 파악하지 못하는 경우가 많았다. 이름까지 바꾼 이들도 있었다. 특히 지위가 낮은 악질경찰이나 지방에서만 활동한 친일행위자들의 정보는 거의 얻을 수가 없었다.

투서함

반민특위는 고민 끝에 중앙청, 서울역, 종로 화신 앞 등 서울 3곳을 비롯해 전국 각도에 투서함을 설치하기로 했다.

특위위원장 김상덕은 시민들에게 정확한 고발을 해주도록 당부했지만 여전히 애매한 내용이 많아 조사관들이 애를 먹었다.

돈방석과 뇌물사건

방석 안에는 솜뭉치 대신 돈뭉치가 가득 들어 있었다.
특위 조사위원회는 이 사실을 알고
피의자 가족들을 혼낸 후 돈을 돌려주었다.
_이원용, <잃어버린 기억의 보고서>

이 밖에도 트럭을 선물로 가져오는 등
뇌물로 특위위원들을 회유하려는 시도가 많았다.

후에 반민특위 위원 중 강경파였던 김명동 의원의 뇌물사건이 터진다.

반민특위 위원 김명동(충남 국회의원)

특경대와 함께 직접 반민법 해당자들을 체포하러 다니는 등 열정적인 모습으로 친일세력에게는 두려움과 증오의 대상이었다.

그는 항상 한복과 고무신을 착용하고 다녔으며 한쪽 눈이 보이지 않았다.

독립운동을 하다 노덕술에게 고문을 당해 한쪽 눈을 잃었고 가족이 모두 희생됐다.

반민특위에 체포된 노덕술을 과거에 자신이 당한 방식으로 지독히 다루어 반민특위를 눈엣가시처럼 여기던 이승만에게 빌미를 제공하기도 한다.

김명동 뇌물사건은 이랬다. 김명동이 조낭자라는 점쟁이를 통해 반민법 해당자로부터 거액의 돈을 받고 눈감아주었다는 정보가 입수돼 경찰과 헌병대가 조사에 나선다.

남편 김흥배의 운수를 보러 돈암동에 있는 조낭자의 점집을 찾은 이옥경.

남편이 일제 때 일본군에 군납을 했는데 걱정이에요.

남편 운이 무척 안 좋아.

이를 어째…

내가 반민특위에 있는 김명동 의원과 친하니 30만 원만 가져오면 잘 봐주겠어.

그러나 그 후 김흥배가 반민특위에 연행되자 이옥경은 약속을 안 지켰다며 김명동을 고발한다.

김명동은 뇌물수수죄로 헌병대에 구속되는 곤욕을 치른다.

끊임없는 방해 공작

사회 각 분야에 뿌리박고 있는 친일세력의 반민특위 와해 공작은
시위, 암살, 테러, 모략 등 전방위적으로 이루어졌다.
특히 특위의 기를 꺾어놓기 위해 강경파인 김상돈 부위원장에 대한 공격이 거셌다.

국회 내 반민법 해당자도 조사를 해야 한다는 얘기가 나오자
이승만은 국회의장 신익희와 특위위원장 김상덕을 불렀다.

반민특위가 친일파를 잡으려면 매사에 공평해야 하지 않겠소?

무슨 말씀이신지….

부위원장 김상돈도 일제 때 친일활동을 한 걸로 아는데….

내용은 이랬다. 시경 정보과장 최운하가
반민특위 간부들에 대한 신상조사를 한 결과
부위원장 김상돈이 일제 때 총대(통반장)를 하면서
일제 기관지 매일신보 보급에 적극 협력했다는 것.

왜 이리 웃음이 나오지.

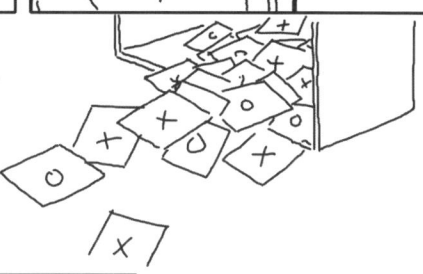

총기오발사건

1949년 3월 28일 오후 5시
반민특위 강원지부 사무실

이미 반민특위위원 들에 대한 노덕술, 홍택희, 최난수의 암살음모 사건이 세상을 떠들썩 하게 한 데 이어 새로운 암살기도 사건이 터집니다.

반민특위 강원지부 조사부장 김우종

김우종

강원도 홍천 출생. 의열단, 독립운동가.
임시정부 활동을 하다 1937년 지령을 받고
귀국했으나 붙잡혀 2년 형을 선고받고
서대문형무소, 대전형무소에서 복역했다.

찰칵

슥

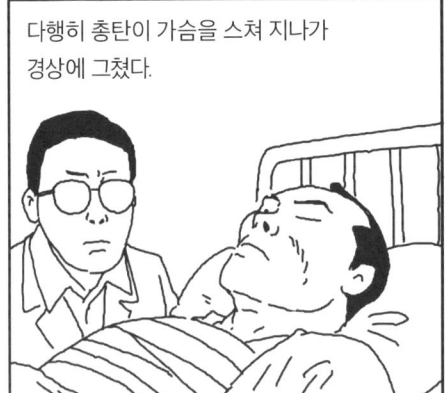

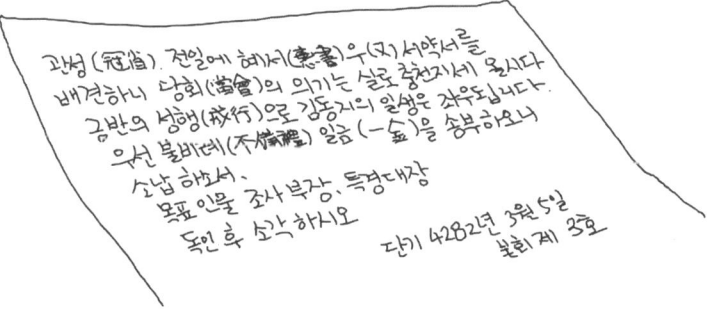

오발을 가장한 암살계획이 드러나 김영택은 구속되지만 이 사건은
지방에서 일어나 큰 관심을 받지는 못한다.

4부 실패로 끝난 친일청산

반민특위가 결정적으로 힘을 잃게 된 계기는 1949년 6월 6일 발생한 특위습격사건과 남로당 프락치로 제헌의회에 침투했다는 혐의로 국회의원 13명을 체포한 이른바 국회프락치사건이다. 결국 반민특위 활동은 조기 종결되고, 친일파들은 또다시 권력의 중심에 남게 된다.

특위습격사건(6·6사건)

발족 이후 친일파의 방해와 이승만의 견제를 끊임없이 받아오던 반민특위가
결정적으로 힘을 잃게 된 계기는 1949년 6월 6일 발생한 경찰의 반민특위습격사건이다.

결국 특경대가 공포를 쏘면서 시위대 해산에 나서자
경찰은 뒤늦게 해산작전을 도왔다.

반민특위는 주동자급 20명을 연행하여 조사하는 과정에서
서울시경 사찰과장 최운하가 배후에 있다는 사실을 알아낸다.

김명동은 사찰과장 최운하에게 시위 관련 참고인으로 출두통지서를 보낸다.
최운하는 참고인이라는 데 안심하면서 반민특위 사무실에 나타났고
김명동은 그를 반갑게 맞이한다.

최운하
총독부 경무국 보안서에서 검열을 담당했다.
종로경찰서 고등계 주임, 해방 후 서대문경찰서장, 용산경찰서장,
경기도경찰 사찰(정보)과장, 서울시경 사찰(정보)과장을 지냈다.
1948년 임화 고문치사사건으로 구속되었으나
증거불충분으로 무죄 석방되었다.

최운하와 조응선이 구속되었다는 소식에 서울시경 사찰경찰들이 일제히 들고 일어났다. 사찰경찰들은 전원 사표를 제출하며 압력을 가하면서 다음 세 가지를 요구한다.

1. 반민특위 간부 쇄신
2. 반민특위 특경대 해체
3. 경찰관 신분 보장

노덕술, 최운하 등 경찰이 반민특위의 활동을 방해하는 데 광분한 이유는 해방 후 경찰조직의 80%가 친일경력자로 채워졌기 때문이다.

4·19 직전 조사한 바로는 총경의 70%, 경감의 40%, 경위의 15%가 일제에 충성한 전력이 있는 것으로 나타났습니다.

1949년 6월 6일 오전 7시 서울 중부경찰서

다들 모였나.

경찰은 반민특위 건물 정문과 비상구, 사무실 곳곳에 병력을 배치하고 8시경 출근하는 특경대원들을 체포하기 시작했다.

이날 경찰서에 끌려간 반민특위 직원 및 특경대원은 35명.
그중 2명은 특위직원으로 오인받아 함께 끌려간 일반시민이었다.
특위위원들은 국회의원 신분 덕분에 끌려가는 화는 면했다.

이로 인해 특경대원 중 전치 1개월 이상 중상자 2명을 비롯해
3주 이상 4명, 2주 이상 8명, 1주 이상 8명의 부상자가 발생하는데
그중 특경대원 서호범은 전기고문 후유증으로 사망한다.

입법절차에 따라 구성된 특위를
대통령의 명령으로 습격한 것이라면
국회의 권위를 완전히 무시한 처사이기 때문이다.

대통령 출석요구는 거부되고, 정부 쪽에서 국무총리 이범석과 내무차관 장경근, 검찰총장 권승렬이 참석해 회의가 진행되었다.

격앙된 국회의원들은 정부에 해명을 요구했다.

김상덕은 발끈하여 단상 위로 뛰어 올라갔다.

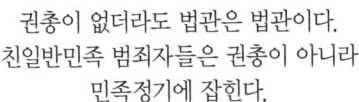

권총이 없더라도 법관은 법관이다.
친일반민족 범죄자들은 권총이 아니라 민족정기에 잡힌다.

이종형은 검거될 때 육혈포를 꺼내 들었는데…

장경근은 끝까지 입장을 굽히지 않았다.

특경대는 불법단체다.
무기회수는 사고방지를 위한 예방조치이다.

장경근(1911~1978)
1932년 도쿄제국대학 법학부 졸업.
1935년 일본 고등문관시험 사법과 합격.
1936년부터 해방까지 서울에서 검사를 거쳐 판사를 지냈다.

이날 13차 본회의에서 특위습격사건을 놓고
4시간 40분 동안 정부와 국회 간 입씨름이 벌어졌다.
장경근이 불을 질러 의원들이 격앙되자
평소 국회의원 중 정부 측 대변자들도
정부의 책임을 묻기 시작했다.

정부가 책임져야 한다.

국회의원 정준

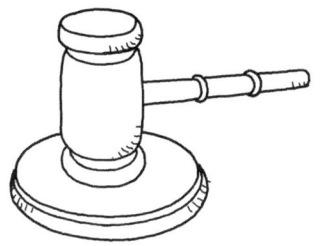

이날 국회는 국무총리와 내각 총사퇴,
반민특위의 문서와 무기 원상회복,
내무차관, 치안국장 파면 등을 요구하고,
미관철 시 모든 법안과 예산안 심의를 거부하는
강경 결의안을 표결에 부쳐
찬성 89, 반대 59, 기권 3, 무효 2로 통과시킨다.

국회의원들은 일단 강경하게 나갔지만 마음이 무거웠다.
이미 4일 전 유성갑 의원 폭행사건, 상공장관 부정사건 등으로 내각 총사퇴를
결의한 바 있지만 정부에서 들어주지 않으면 국회만 망신당하는 것이기 때문이다.

타협점을 찾아야 해.

유성갑 의원 폭행사건

5월 20일, 친일파 숙청과 미군철수를 주장하던 이문원, 최태규, 이구수 의원이
남로당과 접선했다는 혐의로 체포되자 국회는 석방 결의안을 상정했으나
찬성 88, 반대 95, 기권 1로 부결되었다.
이에 '석방 찬성을 한 88인은 빨갱이'라는 우익단체의 시위 도중,
유성갑, 김옥주, 김웅진, 노일환 의원이 구타당하는 사건이 벌어지나 경찰은 방관했다.

국회프락치사건

반민특위를 와해시킨 사건은 크게 두 가지. 6·6습격사건으로 인한 특경대 체포와 특위를 지원했던 국회에서 터진 간첩사건이 그것입니다.

1949년 6월부터 8월까지 국회부의장 김약수와 노일환, 김옥주, 강욱중, 박윤원, 서용길 등 의원 13명이 남로당 프락치로 제헌의회에 침투했다는 혐의로 줄줄이 체포된다. 이들은 반민특위 위원이거나 친일파 숙청에 적극적이었던 소장파 의원들이다.

노일환　　김약수　　이문원　　김옥주　　최태규　　박윤원

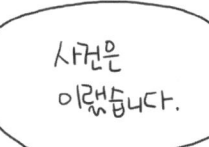

사건은 이랬습니다.

국회부의장 김약수 등 진보적 의원들이

- 미군사고문단 설치 반대
- 외국군 철수
- 남북정당 구성으로 통일정부 수립
- 정치범 석방
- 반민족자 처단
- 조국방위군 재편성

등을 요구하자…

정재한

6월 10일 광주리 장수로 위장, 월북하려던
남로당 여성공작원 정재한의 음부에서 국회공작보고서를
압수해 6월 20일 김약수 등 국회의원 13명을 검거했다.
국회프락치사건은 1949년 6월 6일 반민특위습격사건,
6월 26일 김구암살사건과 더불어 이승만정권의 '6월 공세'로
평가된다. 이후 이승만정권을 견제하던 세력은 크게 약화되고
민족정기와 민주주의의 흐름은 거의 사라지게 되었다.

이승만정부는 국회프락치사건을 계기로 미군정 이후 합법적으로 용인되던 남로당 공산당계 및 진보단체 133개를 불법단체로 선포한다. 이후 북진통일론에 더욱 힘을 싣고 평화통일과 반민족자 처단론을 주장하는 이들을 빨갱이로 내몬다.

1949년 11월 열린 공판에서 국회의원을 구속하는 데 유일한 증인이었던 정재한은 피고인 변호인 측의 거듭된 요청에도 법정에 나타나지 않고 바로 처형되었다.

- 훗날 오제도 검사가 나에게 말하길, 정재한은 전향하여 풀려난 것 같다고 했다. 정재한이란 여인은 존재하지 않은 것 같다.
  _그레고리 헨더슨(미대사관 문정관)
- 발견된 문건이 50쪽에 달해 여성의 음부에 담기엔 너무 많은 분량이다.
  _김정기, 〈국회프락치사건 재판기록〉
- 문서는 1949년 4월 남로당 특수조직부가 있던 충무로 2가 55번지를 급습해 취득한 주주총회 보고서였다.
  _〈동아일보〉

이 암호문건을 해독한 사람이 특위에 체포되었다 풀려나 앙심을 품고 있던 최운하 시경 사찰과장이라는 점이다.

오제도 검사(1917~2001)
일본 와세다대학 법학과 졸업.
1946년 판검사 합격, 1977년 9대 국회의원, 1981년 민정당 국회의원.
보도연맹결성, 김수임사건, 국회프락치사건, 조봉암사건 등
조작 논란이 있거나 훗날 무죄로 밝혀진 조작사건을 주도한
반공검사로 유명하다.

일제경찰 출신으로 반민특위를 피해 달아난
전봉덕 헌병사령관도 사건 수사를 주도했다.

6월 6일 법무장관에 임명되어

반민특위 검찰부에서 갑자기 정부 각료가 된 권승렬이 중재에 나섰다.

특위에 체포된 경찰 최운하, 조응선과 특경대원들의 석방을 맞교환하자는 협상을 한다.

석방된 특경대원 35명 중, 22명은 심각한 부상으로 서울적십자병원에 입원한다.

사람을 이 꼴로 만들어 놓다니.

특위는 이 사건의 책임을 물어 6월 11일 내무차관 장경근, 치안국장 이호, 서울시경 국장 김태건, 중부경찰서장 윤기병 등 6명을 검찰에 고소한다.
경찰도 특위위원장 김상덕, 김상돈, 김명덕, 특별검찰관 노일환 등 4명을 맞고소하며 응수한다.

반민특위의 와해

특위는 발족 당시 국민의 성원에 힘입어 큰 활약을 보였다.
그러나 날이 갈수록 이승만정부와 군, 경, 우익단체의 방해로 힘을 잃어가고 있었다.

검거 1호 박흥식 등 거물들이 보석으로 석방되자 국민들은 반민특위를 불신하게 되고

민족정기를 살린다더니 말로만…. 뭐 이래!

국회 소장파 이문원 의원 등이 프락치 혐의로 구속되자 우익단체는 '반민특위는 빨갱이 소굴'이라며 연일 시위를 벌였다.

이렇게 안팎으로 비난에 시달리자 특위위원, 재판관, 검찰관들은 회의를 느낀다.

공연히 욕먹으면서 특위에 있을 필요가 있나?

특위 내부가 흔들리는 와중에 6·6습격사건은 치명타가 되었다.
반민특위 습격이 서울에서만 있었던 것은 아니다. 같은 날 강원지부노 춘천경찰서에 의해 무장해제되었고, 충북지부도 마찬가지였다. 6월 13일엔 김상돈, 김명돈, 노일환, 서용길, 이재형, 강중욱의 집으로 폭탄 협박장이 날아왔다.

이 개정안을 투표에 부친 결과 제적의원 136명 중 찬성 74표, 반대 9표로 통과된다.

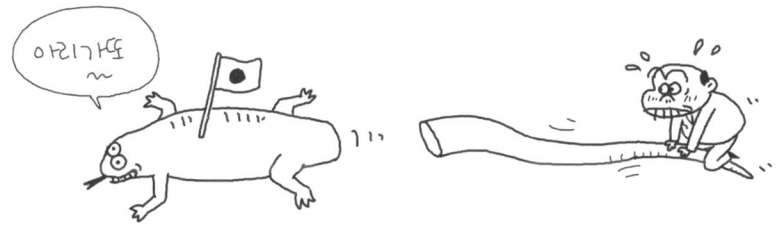

이로써 반민특위 활동은 조기 종결되며, 친일분자들은 처벌에서 무사히 빠져나갔을 뿐 아니라 계속해서 권력의 중심에 남게 된다.

다음날, 더 이상 조사활동을 할 수 없게 되자 김상덕 이하 전 위원은 일제히 사퇴서를 제출했다.

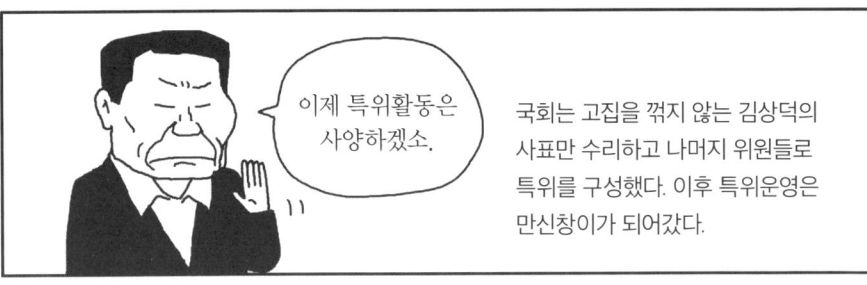

새로 특위위원장이 된 이인은 법무장관 시절 이승만과 함께 특위를 무력화하는 데 앞장선 인물. 이인은 반민자로 체포된 자들에 대해 사면의 뜻을 발표한다.

교육자와 공무원의 반민족행위는 죄가 더욱 클 것이나 앞으로 후진의 교육을 위해서 공헌할 것을 기대하며 불문에 부친다.

원래 공직에서 반민자를 제거해달라는 게 민중의 여론이나 그들이 해방 후 지금까지 대한민국을 위하여 충성을 다한 공을 인정해 속죄의 길을 열어주니 더욱 충성의 길을 가길 바란다.

8월 31일 공소시효를 다한 특위는 잔무 처리를 끝내고 이미 조사가 끝난 사건은 모두 특별경찰부로 송치한다.

10시 20분 중앙청 1회의실, 국회의장 신익희, 대법원장 김병로, 국무총리 이범석이 참석한 가운데 1월 5일부터 8월 31일까지의 특위 조사활동에 대해 보고받는다.

여러 가지 위험을 무릅쓴 조사관들의 노력으로 오늘의 성과를 거두었다. 그동안 노고에 감사한다.

이날 회의를 끝으로 반민특위는 문을 닫는다. 특별재판부와 특별검찰부로 송치된 사건으로 명맥을 잇지만 특위위원장 이인과 49명의 제안으로 특별재판부와 특별검찰부 폐지안이 통과되면서 특위활동은 1949년 9월 22일 완전히 끝을 맺는다.

1949년 9월 5일 해체를 앞두고 마지막으로 기념촬영을 하고 있다(원 내는 이원용 반민특위 총무과장).

1946년 임시정부 요인들과 함께 화계사를 찾은
김상덕 반민특위 위원장(앞줄 맨 오른쪽)

반민특위 특경대원들

반민특위 조사관 임명장

민족문제연구소의 동의하에 친일인명사전 앞부분에 있는 수록인물 선정기준을 요약해보았습니다.

5부
친일인명사전 수록대상 선정기준

2003년 국회에서 친일인명사전 편찬 예산 5억 원을 전액 삭감하자 놀라운 일이 벌어졌다.
네티즌들의 자발적인 참여로 11일 만에 성금 5억 원이 모인 것이다.
우여곡절 끝에 2009년 민족문제연구소가 친일인명사전을 발간했다.
사전에 오른 인물들의 후손과 관련자들은 게재금지소송 등을 통해 반발했고,
우익단체들은 국론을 분열시키는 모략이라며 시위를 벌였다.
선정기준을 놓고 여전히 논란이 지속되고 있는 가운데 민족문제연구소가 직접 밝힌
친일인명사전 수록대상 선정기준을 살펴본다.

01. 매국·수작(습작)과 일본제국의회 의원

1. '을사조약', '한일합병조약' 등 일제의 국권침탈에 적극 협력한 자
2. 일제로부터 귀족작위를 받거나 이를 계승한 자
3. 일본제국의회의 귀족원 의원 또는 중의원 의원으로 활동한 자

이완용

이근택

이지용

권중현

박제순

일본은 1910년 '한일합병조약' 제5조에 따라 훈공 있는 한국인으로
특히 표창에 적당하다고 인정된 자에게 영작을 수여하고 또 은급을 부여했으며,
이들을 조선귀족으로 삼았다.
같은 날 제정된 '조선귀족령'에 따라 작위를 받은 최초 수작자는 76명이었다.
(이 중 8명은 작위 거부 또는 반납)
을사오적, 정미칠적, 경술구적은 예외 없이 작위를 받았다.

작위	은사공채(원)	이름
공족	830,000	이강(친일인명사전 미수록), 이희(이재면)
후작 (6)	504,000	윤택영
	336,000	이재완
	280,000	박영효
	168,000	이재각, 이해승, 이해창
백작 (3)	150,000	이완용
	120,000	민영린
	100,000	이지용
자작 (22)	100,000	송병준 외 5명
	50,000	권중현 외 13명
	30,000	이기용, 이완용
남작 (45)	50,000	유길준, 조희연
	25,000	김기준 외 42명

은사금은 현금일시불이 아닌 공채증서 형식이었고, 원금은 5년 거치 50년 이내 상환, 연 5푼 이자는 매년 3월과 9월에 지급했다.

1910년대 화폐가치를 환산하면?
(친일인명사전 발간 시점인 2009년 기준)

1원 = 1만 3,000원
10만 원 = 13억 원
이자 5% = 5,000원
5,000원 = 6,500만 원

당시 조선총독부와 소속 관서 직원의 급여나 연봉을 감안하면 매우 많은 액수였다.

수작자 중 김사준 외 4명은 실작하여 친일인명사전에서 제외됐는데, 상속신고 불이행으로 특권을 상실했거나 '조선보안법위반' 또는 '독립청원서' 제출로 징역을 산 경우이다.

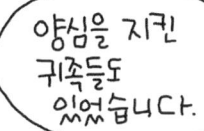

일본제국의회(국회)에 진출한 조선인은 귀족원 10명, 중의원 1명 등 총 11명이며, 귀족원 중 5명은 수작자, 습작자로 조선귀족이었다. 사진은 일본유람을 떠난 조선귀족들(1910년)

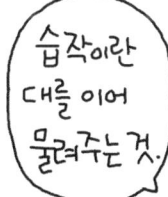

일본제국의회	
귀족원	중의원
황족·화족 의원과 천황이 직접 선임하는 칙선 및 일정액 이상 국세 납부자 10명	선거에 출마해 선출되는 대의사 1명

이 중 5명은 조선총독부 고위관료, 친일단체, 경제계 등을 대표하는 인물로 중추원 부의장, 고문, 참의 등을 지내며 귀족원 의원에 선임되었다.

02. 중추원

중추원은 조선총독부 설립과 함께 시행된 조선총독의 자문기구이다. 정무총감이 중추원 의장을 겸임하고 부의장, 고문, 참의(찬의·부찬의)는 모두 조선인이 임명되었다.

중추원 전경

조선총독부에서 중추원 회의가 열리고 있다(1935년).

조선총독부가 중추원을 설치한 이유는 세 가지

첫째, 효율적 식민통치를 위한 자문역할이었다. 조선사회의 관제 관습을 어느 정도 용인해 반발을 최소화하고 식민통치에 조선인의 의견을 수렴한다는 선전역할.
둘째, 식민지화에 적극 협력한 공로자에 대한 우대.
셋째, 식민지화로 관직을 잃게 된 고등관에게 지위를 보장함으로써 회유.

중추원(1921년 관제 개정 후 직제)			
구분	부의장	고문	참의
정원	1명	5명	65명
지위	친임대우	친임대우	칙임대우 및 주임대우
연수당	4,000원 이내	3,000원 이내	3,000원 이내

1948년 제정된 반민족행위처벌법에서도 중추원에서 활동한 자들을 당연범으로 규정하고 있다.

중추원 부의장, 고문, 또는 참의를 맡았던 자는 공민권 정지(15년 이하) 또는 10년 이하 징역에 처할 수 있고 재산의 전부 혹은 일부를 몰수할 수 있다.

을사오적과 정미칠적, 경술국치에 이르기까지 나라를 일본에 갖다 바쳐 부와 권력을 쥔 거물 친일파가 총망라된 중추원.

조선귀족(자작)으로 중추원 부의장을 지냈지만 1919년 3·1운동에 동조하고 조선 독립을 원하는 탄원서를 일본정부에 보내 친일인명사전에서 제외된 김윤식 같은 경우도 있습니다.

김윤식
(1835~1922)
조선 말기의 문신, 학자, 조선귀족. 3·1운동 가담으로 중추원 작위 박탈

나 이용직도 3·1운동에 가담했다는 이유로 작위(자작)가 박탈되었습니다. 당연히 친일인명사전에서 빠졌죠. 중추원 의원을 지냈다고 모두 친일파 명단에 올라간 건 아닙니다.

03. 관공리

1. 고등관 이상 관료로 재직한 자
2. 친일행위가 뚜렷한 일반 관공리

조선총독부 관리(문관)			
고등관			판임관
친임관	칙임관	주임관	
	1~2등	3~9등	1~4등
총독, 정무총감	국장, 도지사 등	도참여관, 군수 등	

조선총독부 관리는 크게 고등관과 판임관으로 구분된다. 각각 몇 등으로 불리며 엄격한 계급구조를 갖고 있다. 판임관 위에는 주임관이 있고, 주임관 이상을 고등관이라 한다.
고등관은 고등문관시험 합격 원칙으로 하며 내각의 발령을 받는다.
판임관은 장관(총독)이 임명하는 관리로 보통문관시험에 합격하거나 일정한 직무에 오래 종사했을 때 될 수 있다.

*친일인명사전은 주임관 이상 관료를 모두 수록대상으로 삼았고, 판임관은 눈에 띄는 친일행위를 한 사람으로 제한했다.

"그때만 해도 군수니 면장이니, 뭐 전부 일본 앞잡이잖아. 일본한테 잘 보여야 자기들이 잘 살아갈 수 있다고 해서 연필 거머쥔 사람들이 명단을 작성했지. 자기네 일가친척은 다 빼니 할당 인원수가 모자란 거야. 그러니 나이 어린 소녀까지 무조건 끌고갔어. 나는 그때 열네 살이라 끌려갈 거라 생각도 안 했어." - 고 김복동 할머니 -

조선총독부 관리의 민족별, 계급별 비교(1943년)				
	조선인		일본인	
	관리 수	비율(%)	관리 수	비율(%)
칙임관	7	4.6	145	95.4
주임관	626	13.9	3,880	86.1
판임관	29,058	37.6	48,156	62.4
고원(보조인력)	51,061	64.9	27,508	35.1

일제강점기 칙임관 중 조선인의 비율

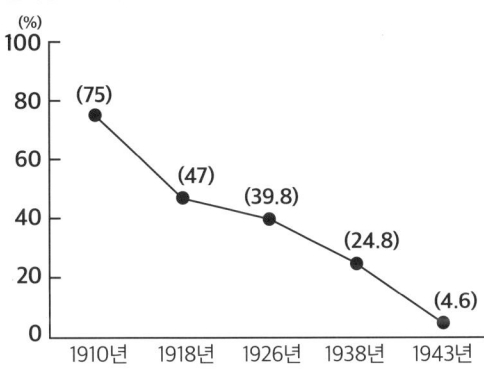

주임관 비율 역시 1910년 64.6%에서 1943년 13.9%로 낮아졌다. 식민지배체제가 안정됨에 따라 조선인을 권력의 중심에서 배제했음을 알 수 있다.

조선인 관료는 일본인 관료들이 입안하고 결정한 식민정책을 집행하는 역할을 했다.

조선총독부의 조사원 임명장

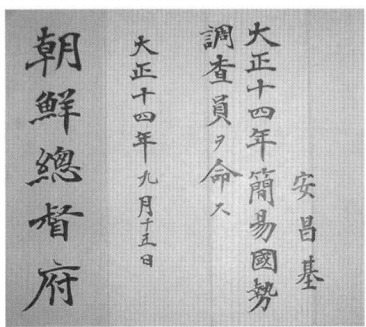

04. 사법

1. 판사·검사로 재직한 자
2. 친일행위가 현저한 일반 사법 관리

조선의 형사절차는 대부분 일본의 형태를 따랐지만 검사의 권한은 일본검사보다 훨씬 더 컸다. 일본검사에게 없었던 강제처분권을 갖고 있었으며, 공소 제기 전에 압수, 수색, 검증, 구인, 심문, 감정 등을 할 수 있었다. 또 검사는 10일간 피의자를 구류할 수 있었다. 이는 일본의 법령에서 인정되는 권한보다 훨씬 강력한 것으로 식민지배를 위해 필요했기 때문이다.

> 검찰의 권력은 이때부터.

> 식민지 조선의 사법체계는 권력분립과 거리가 멀었습니다. 조선총독부 아래 총독의 지휘감독을 받았어요.

경성 공소원 재판 광경(1909년)
오른쪽부터 서기, 판사, 재판장, 번역관(이상 일본인), 판사, 검사(이상 조선인) 순으로 앉아 있다.

박정희, 전두환정권 때까지 승승장구했던 조선총독부 이호 검사

반민특위를 습격한 6·6사건 배후 중 1명으로 지목된
치안국장 이호. 반민특위는 이호를 고소하고
국회에서는 그의 파면을 요구했다.

지금까지 '또 하나의 가족'을 이루며
사회 요직을 나누고 끈끈한 관계를 유지해온 친일파.
2012년, 법원은 강제징용을 당했던 피해자 여운택 할아버지 등
4명에게 일제 전범기업의 배상 책임이 있다고 판결한다.
전범기업은 상고를 했고, 대법원은 수년 동안 차일피일 판결을
미루었다. 그사이 피해자 4명 중 3명이 사망했다.
박근혜정부와 양승태사법부의 거래로
일본정부와 전범기업의 편에 선 것인데….

일제가 조선인 판검사에게는 시국사건을 맡기지 않았다는 얘기가 있으나 이는 사실과 다르다. 판결문 자료를 보면 조선인 판검사가 천황에 대한 불경죄, 전쟁에 대한 유언비어 유포죄 등 치안유지 관련 사건에 참여했다.

전쟁이 장기화되자 일제는 물자수탈을 강화했고, 생계형 경제사범이 비약적으로 늘어나게 된다. 1939년 2만 1,191명이었던 위반자 수가 1940년에는 8만 1,754명, 1941년에는 9만 2,099명으로 늘어나는데, 생존을 위한 조선민중의 저항에 비례하여 통제가 강화되었기 때문으로 보인다. 이 업무에는 조선인 판검사가 예외일 수 없었다.

일제는 경성형무소(서대문형무소, 위 사진)를 비롯해 형무소마다 수감자들로 초만원을 이루자 전국적으로 감옥시설을 계속 확충해갔다.

조선총독부 아래에서 판검사를 지냈다고 하더라도 다음과 같은 사람들은 친일인명사전에서 보류했다.

첫째, 1910년 이전 임용되었다가 1912년 이전에 그만둔 경우.

둘째, 반일운동 관련 활동을 한 경우.

셋째, 반일운동 변호 활동을 한 경우.

05. 경찰

1. 경부 이상의 경찰 간부로 재직한 자
2. 고등경찰 및 검열 업무 담당자
3. 친일행위가 뚜렷한 일반 경찰

헌병경찰제 직급 체계(1910년대)

	고등문관							보통문관		
	칙임관		주임관					판임관		
	1등	2등	3등	4등	5등	6등	7등	8등	1~4등		
경찰			도경무부장			경시			경부	경부보	순사
군	중장	소장	대좌	중좌	소좌	대위	중위	소위	하사관	병졸	
헌병		헌병사령관	헌병좌관			헌병위관			헌병하사관	상등병	

3·1운동 이후 전체 관리 10만 명 중 경찰관은 2만여 명으로 약 20%를 차지하고 있었다.

> 당연한 말이지만 식민지 조선을 통치하기 위해 많은 수의 경찰이 식민지 지배 내내 중심적 역할을 했습니다.

보통경찰제의 조직체계와 직급별 구성(1920년)			
부서	직급	일본인(명)	조선인(명)
경무국	국장	1	
	사무관	2	1
경무과	사무관	2	
	통역관	1	
	속	11	
고등경찰과	사무관	3	
	통역관	4	
	속	9	4
보안과	사무관	1	1
	기사	1	
	속	8	3
위생과	사무관	1	
	촉탁	6	2
	속	6	2
	기수	2	
	기사	6	

경무총감부 전경. 경찰관은 청결검사, 불심검문, 지문채취, 가옥소독 등 조선인의 생활 전반을 통제했다.

식민지 조선경찰은 경찰 본래의 임무인 치안유지 외에 행정, 사법에 걸쳐 엄청난 권력을 가지고 있었다. 언론지도, 사회풍속 개선, 신용조사, 경제계 연구 등 사실상 모든 분야를 통제하고 있어 권력을 남용할 여지가 충분했다.

식민지하 조선인 경찰관 중 중간간부인 경부 이상에 오른 이들을 살펴보면
크게 세 유형으로 나눌 수 있다.

첫째, 1910년대 전후 순사보나 헌병보조원으로 활동한 뒤 경부보, 경부, 경시로 승진하고,
　　　군수, 도이사관을 거쳐 참여관으로 올라간 전형적인 충복형.
둘째, 1930년대 전후 고등계형사를 시작으로 후반에 순사부장, 경부보, 경부로 승진한 집단.
　　　이들은 미군정하에서 그대로 등용된 뒤 한국 현대경찰의 원형을 형성했으며,
　　　사상탄압에 앞장서는 등 정치경찰의 중심이 되었다.
셋째, 일제하에서 대학을 나온 엘리트로 고등문관시험에 합격했거나 시험을 거치지 않고
　　　바로 경찰에 몸담았던 집단. 대부분 해방 이후 행정관료나 정계, 사법계 등으로 진출했다.
　　　이들은 일제하에서 대학을 나올 정도로 자산가 계층이었고, 앞의 부류와 달리
　　　생존을 위한 선택이 아니라 스스로 식민통치의 지배구조 상층으로 편입되려 한 자들이다.

3·1운동에 참여한 어린이를
붙잡아 끌고가는 경찰

식민통치의 불법적 지배는 폭력을
통해 유지된다는 점에서 경찰은
식민지배를 상징하는 기구이다.

06. 군

1. 위관급 이상 장교와 오장급 이상 헌병으로 재직한 자
2. 친일행위가 뚜렷한 일반군인

일본제국주의의 군사조직은 식민지 강점과 대외 침략전쟁의 최일선 무력조직이었을 뿐만 아니라 만주침략, 중국침략, 태평양전쟁 등을 입안하고 실행한 권력의 중추부였다.
전시체제 기간 직급상 고등관이지만 문관보다 더 많은 권력과 사회적 지위를 누렸다.

만주국과 일본의 군 직급 비교(1931년)

대한민국 국군	만주군 국군		일본제국 황군	
대장	간임관	상장	친임관	대장
중장		중장	칙임관	중장
소장		소장		소장
준장				
대령	천임관	상교	주임관	대좌
중령		중교		중좌
소령		소교		소좌
대위		상위		대위
중위		중위		중위
소위		소위		소위
준위	위임관	준위	판임관	중위·특무조장
상사		상사		조장
중사		중사		군조
하사		소사		오장(병장으로 개칭)
상병		상사		상등병·상등졸
일등병		중병		일등병·일등졸
이등병		소병		이등병·이등졸

친일인명사전은 위관급 이상 장교를 수록대상으로 삼았다.

첫째, 일본육군사관학교 등을 거쳐 위관으로 임관해 일본군에 복무한 인물.
둘째, 만주군에서 위관급 이상의 군관으로 복무한 인물.
셋째, 대한제국 시기의 장교로서 대한제국이 몰락한 이후에도 일제하 장교로 재직한 자들.
넷째, 장교 교육과정을 거치지 않고 특임으로 일본군, 만주군 장교로 복무한 자들.
　　　대표적으로 군의를 들 수 있다.
다섯째, 사병 또는 하사관에서 진급해 위관급에 준하는 대우를 받은 준위.
여섯째, 헌병은 오장(분대장급으로 지금의 하사 또는 분대장을 맡은 병장) 이상.

2011년, 공영방송 KBS에서 방송된 백선엽 특집. 간도특설대 출신인 그의 친일행위를 비판하기 위한 것이 아니라 6·25전쟁 영웅을 찬양하는 내용이었다.

<아사히그래프>에 실린 조선지원병 모습(1943년)

간도특설대
'조선인은 조선인이 잡는다'는 일본의 책략으로 만주에서 활동하는 항일무장군이나 팔로군을 공격하기 위해 만든 조선인 특수부대. 잔혹하기로 유명했으며, 민간인 포함 172명을 살해한 기록이 남아 있다.

07. 친일·전쟁협력 단체

1. 일진회, 국민협회, 대동동지회, 각파유지연맹, 시중회, 대동일진회, 녹기연맹, 대의당 등에서 간부로 활동한 자
2. 대정친목회, 자제단, 유민회, 동광회, 동민회, 대동민우회, 황도학회, 정학회, 대화동맹, 국민동지회, 대일본흥아회 조선지부 등에서 핵심간부로 활동한 자
3. 국방의회, 국민정신총동원조선연맹, 국민총력조선연맹, 흥아보국단, 임전대책협의회, 조선임전보국단, 애국금차회, 조선지원병제도제정축하회, 지원병후원회, 조선군사후원연맹, 시국대응전선사상보국연맹, 대화숙, 조선언론보국회, 조선신문회, 대일본부인회 조선본부, 조선문인협회, 조선방공협회, 조선국방의회연합회 등 관제동원단체에 대표자급으로 참여한 자
4. 전항(2~3)의 단체에서 임원직을 중복 역임한 자

일진회 자위단원호회(1908년)
의병활동을 진압할 자위단을 조직하기 위해 일진회 간부들이 지방으로 출발하기 전 기념사진을 찍고 있다. 송병준 등이 만든 일진회는 대한제국기 최대의 친일단체로 일제의 강제병합을 위해 최선봉에서 활동했다.

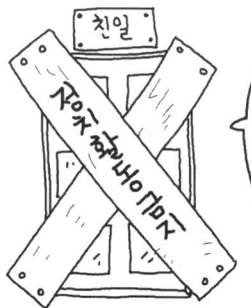

조선의 식민지화에 성공한 일제는 일부 상층에게 귀족 작위를 주고 중추원 등으로 끌어들이는 것 이외에 어떤 정치활동도 허용하지 않았다. 그 결과 1910년대에는 친일세력조차 친일단체를 결성할 수 없었다.

1916년 귀족, 전직관료, 대지주, 실업가들이 모여 만든 대정친목회가 1910년대 유일한 친일단체였다.
대정친목회는 '내선융화'와 '독립불능론'을 고취시키는 활동을 벌이다 조선일보를 창간한다.

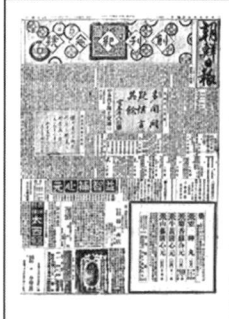

<조선닷컴>에 나오는 회사 연혁

자제단을 만든 박중양

1919년 3·1운동이 일어나자
친일관료와 지주들이
중심이 되어 만세시위를
억압하기 위해
자제단을 조직했다.

3·1운동 모습

친일단체들은 민족운동을 탄압하기 위해
각파유지연맹을 결성했는데 민중들의 격렬한 저항으로
바로 해체되었다.

3·1운동 이후 일제는 무단정치의 실패를 인정하고 통치방법을 전환해 본격적으로 친일세력을 육성했습니다.

그 의도대로 만들어진 단체가 국민협회, 유민회, 대동동지회, 동광회, 동민회 등입니다.

일제는 1931년 만주침략 이후 사상탄압을 강화하고 침략전쟁에 협력하도록 협박, 회유했다. 이때 발 빠르게 변화에 부응해 내선융합을 구호로 내걸고 거물급 천도교 신파를 중심으로 만들어진 단체가 시중회다.

1936년에는 사상전향자들이 반공주의, 대국가주의를 표방하면서 대동민우회를 조직했다.

1937년 중일전쟁 이후에는 사상분야 친일단체들이 다수 조직되었다.
일진회의 후신인 대동일진회가 출범했고, 친일문인과 예술가들이 '황도의 학습, 황도정신 보급, 신궁 신사참배의 실천과 장려'를 목표로 황도학회를 결성했다.

이광수의 창씨개명 기사
_<경성일보>(1939년 12월 20일)

유진오의 학병출정 권유문(조선문인협회)

남산 조선신궁 참배에 동원된 학생들

08. 언론

1. 국민신보, 시사평론 등 친일단체 기관지의 발행인, 편집인
2. 매일신보, 만선일보 등 국책기관지의 국장급 이상 논설부장·위원
3. 경성방송국의 국·과장 임원
4. 친일 신문·잡지사의 발행인, 편집인, 주간(주필)
5. 논설, 저술, 좌담, 강연 등을 통해 적극 협력한 자

<국민신보>
일진회의 기관지.
일제의 한국통치를
지지 옹호했다.

<경성방송국>
일본어와 조선어를 함께
방송했다. 조선어 방송에서는
조선의 민요와 동요, 국악 등을
내보내기도 했지만 주로
일제 찬양방송을 했다.

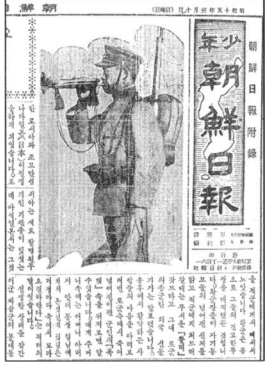

<조선일보>와 <소년조선일보>
그 밖에 중일전쟁을 거쳐 1940년 전후
친일 논조를 쓴 신문·잡지는
<동아일보>, <삼천리>, <조광>,
<동양지광>, <내선일체>, <신시대>,
<춘추> 등이 있다.

09. 교육, 학술

1. 교육, 학술계에 있으면서 식민지배 이론을 합리화하고 확산시킨 자
2. 교육기관, 교육·학술단체의 설립자, 책임자·운영자로 전쟁동원을 독려한 자
3. 고등관 이상의 교육관리
4. 조선사편수회의 활동에 지속적으로 참여한 자
5. 좌담, 강연 등을 통해 식민통치와 침략전쟁에 적극 협력한 자

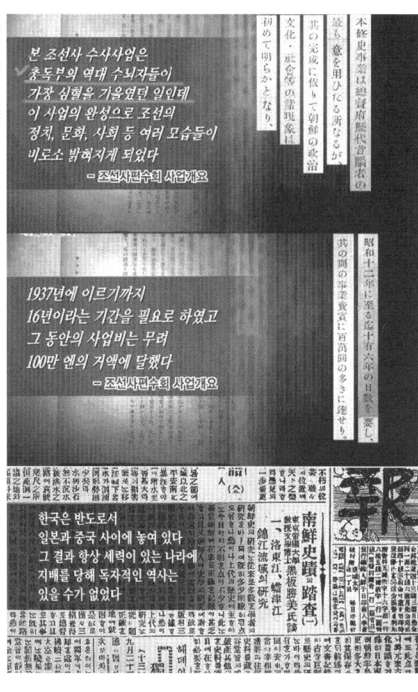

KBS <역사스페셜>

조선사편수회는 조선총독부가 일왕의 명령으로 한국의 역사를 식민사관으로 만들기 위해 현재 기준 수백 억의 돈을 들여 설립한 기관이다.

이병도
(1896~1989)
조선사편수회 촉탁,
제7대 문교부장관.
그의 후손들은 서울대 총장,
국립중앙박물관장을 지냈다.

기생과 게이샤와 함께 야유회를 즐기는 조선사편수회 회원들. 최남선과 이병도의 모습이 보인다.

10. 개신교

1. 일제의 종교통제 방침에 협력해 교회의 변질을 주도하고 왜곡시킨 자
2. 변질된 '혁신교단', 통폐합된 일본기독교 조선교단, 국민정신총동원연맹·국민총력연맹·비행기헌납기성회 등 친일단체의 간부로 활동한 자
3. 기독교신문 등 친일성향의 신문, 잡지의 발행인과 주필, 주간
4. 기고·광고·좌담·강연 등을 통해 식민통치와 침략전쟁을 미화·선동하는 부일협력행위를 반복적으로 자행한 자

일제는 기본적으로 개신교에 대한 적대감이 있었다. 천황숭배와 신사신앙과 공존할 수 없었고, 서구 선교사들과 연결되어 있어 통제와 지배가 어려웠기 때문이다. 이런 이유로 기독교를 억압해 서구 선교사와 관계를 끊게 하고, 황민화정책과 침략전쟁에 협력하도록 기독교 지도자들을 포섭하는 정책을 폈다. 1940년 8월까지 장로교는 국방헌금 1만 5,803원을 납부하고 전승축하회 604회, 무운장구 기도회 8,953회, 시국강연 1,355회, 위문 181회를 실시했으며, 위문대도 1,580개에 달했다.

전시하 황국신민으로서 종교보국에 충성을 다하라. 각 교회는 교회 종도 헌납하여 성전 완수에 협력하라.

정춘수
(기독교조선감리회연맹)

헌납한 비행기 '조선장로호'

장로교 27회 총회에서 신사참배를 결의했다.

11. 천주교

1. 일제의 종교통제 방침에 따라 교단 차원의 친일을 주도해 식민통치와 침략전쟁에 적극 협력한 자
2. 국민정신총동원 천주교경성교구연맹, 국민총력 천주교경성교구연맹 등의 핵심 간부
3. 기고·광고·좌담·강연 등을 통해 식민통치와 침략전쟁을 미화·선동하는 부일협력행위를 반복적으로 자행한 자

일제강점기 조선천주교는 다른 종교에 비해 상대적으로 조선총독부와 원만한 관계를 유지했다. 1937년 '황군에 대한 무운장구 및 국위선양 기도회'를 시작으로 1939년 말까지 시국 관련 기원미사 2만 9,622회, 시국 관련 기도회 5만 5,452회, 시국 관련 좌담회 1만 1,592회, 출정 장병 가족 위문 151회를 실시했고, 국방헌금 3,624원, 위문금 932원, 병기헌납보조금 422원을 납부했다.

비행기헌납운동 징병 독려 내선일체…

매월 첫째 주일에는 시국미사회를 열고 신사참배를 하라.

1906년 조선천주교가 창간한 <경향잡지>

12. 불교

1. 일제의 종교통제 방침에 협력하여 불교계에 친일세력을 구축하고, 한국불교의 정체성을 훼손한 자
2. 1937년 중일전쟁 이후 불교계의 중앙교단과 친일불교단체 임원
3. 본사 주지승려 가운데 전승기원법회, 국방헌납 등 부일협력행위가 뚜렷한 자
4. 불교시보 등 친일신문, 잡지의 발행인, 편집인, 주필, 편집주임
5. 기고·광고·좌담·강연 등을 통해 식민통치와 침략전쟁을 미화·선동하는 부일협력행위를 반복적으로 자행한 자

불교계는 개신교나 천도교와 달리 일찍부터 식민지배체제에 편입되었다. 총독부는 1911년 제7호 사찰령을 제정하여 불교계를 지배하는 기본법으로 활용했다. 사찰령의 핵심은 모든 사찰을 30본산체제하에 두고 30본산의 주지는 총독의 승인을 받아 임명하는 것이다. 각 사찰에서 행정관청에 제출하는 서류는 본사를 거쳐야 했으며, 각도 말사의 주지 후보자 이력서에도 반드시 본사 주지의 서명을 받게 하는 등 본사 주지에게 막강한 권한을 부여했다. 민주적 공론제도인 '산중공사'가 소멸되고 주지의 권한이 커지자 주지들은 종권을 지속적으로 장악하기 위해 일본불교와 조선총독부에 협력했다.

조선총독부 근처 30본산연합사무소가 있던 각황사 모습
1910년 건립된 각황사는 4대문 안 최초의 사찰이었다(현 조계사의 모태).

13. 천도교

1. 교단, 부문단체의 간부로서 일제의 침략전쟁에 적극 협력할 것을 교인들에게 지시, 독려한 자
2. 시국대처부의 부장, 총무, 간사, 국민정신총동원 천도교연맹과 국민총력 천도교연맹에서 이사장, (상무)이사, 평의원 등을 중복 또는 반복 연임한 자
3. 기고·광고·좌담·강연 등을 통해 식민통치와 침략전쟁을 미화·선동하는 부일협력행위를 반복적으로 자행한 자

천도교 신파가 대외적으로 친일활동을 시작한 것은 천도교 최고직위에 있던 최린이 중추원 참의에 취임한 1934년 무렵이며, 1937년 중일전쟁 직후부터 본격적인 친일활동이 이루어졌다.
1938년 7월 국민정신총동원 조선연맹이 결성되자 천도교 신파와 구파가 발기단체로 참여했다. 1939년 국민정신총동원 천도교연맹이 결성되었다.
천도교연맹은 "동아 신질서를 확립하고 팔굉일우의 조국정신을 세계에 양양함은 제국 부동의 국시이다. 우리들은 이에 일치단결로 국민정신을 총동원하여 내선일체의 모든 능력을 발휘하여 국책의 수행에 협력함으로써 성전 궁극의 목적을 관철하기를 도모할 것"을 선언했다.

*팔굉일우(八紘一宇) : 세상이 하나의 집안이라는 뜻으로, 일본이 침략전쟁을 합리화하기 위하여 내건 구호.

14. 유림

1. 황도유학을 제창하는 등 유림의 친일을 구조화하고 식민통치와 침략전쟁에 적극 협력한 자
2. 경학원 대제학, 부제학, 사성
3. 경학원 강사와 임직원 중 친일행위가 뚜렷한 자
4. 대동학회·공자교회·대동사문회·이문회·조선유도연합회 간부 중 친일행위가 뚜렷한 자
5. 기고·광고·좌담·강연 등을 통해 식민통치와 침략전쟁을 미화·선동하는 부일협력행위를 반복적으로 자행한 자

경학원

조선총독부 직속기구인 경학원은 1912년 조직되어 1945년 일제 패망 때까지 황도유학을 제창하며 황민화정책을 지원했고, 징병제를 찬양하며 조선인을 일제의 침략전쟁에 내몰았다.

경학원은 성균관을 폐지하고 만든 유교기관으로 대제학 1명, 부제학 1~2명, 사성은 2~4명이었으며 강사는 13도에 한 명씩 배치되었고 직원 2~3명과 사무원을 두었다. 조선총독부는 친일성향의 인물을 강사로 임명했다. 강사는 지방 순시와 강연을 통해 총독부의 정책을 설명하고 지지를 호소했으며, 지역 유림들의 동태를 사찰, 보고했다.
일제의 황도유학은 천황과 신민을 일가로 삼고 충효를 강조하는 전체주의, 국가주의 성격이 강했으며 일제의 파시즘을 지탱해주는 이데올로기였다.

옛말에 누군들 섬기면 임금이 아니며 누군들 섬기면 백성이 아니리오란 말이 있나니 대저 정치의 목적은 민중의 행복이니 요임금이나 순임금이나 박가나 이가가 물을 일이 아니다.

15. 문학

1. 시, 소설, 수필, 평론, 아동문학 등 문필활동으로 내선일체, 황국신민화, 대동아공영권 등 일제통치를 찬양, 미화, 선동 선전한 자
2. 조선문인보국회, 국민총력조선연맹 문화부, 조선문인협회 등 친일단체의 간부로 반복 참여한 자

작품 내용의 친일 여부는 식민주의와 파시즘 옹호를 기준으로 삼았다.
상투적인 의미에서 '서양제국주의' '신체제' 등의 용어를 사용하여 일제의 국책에 호응하는 듯 보이지만, 식민주의 파시즘 논리에 서 있지 않을 경우 인물 수록을 보류했다.
사상의 근저와 작품 의도를 좀 더 면밀히 분석하고 평가할 필요가 있는 경우 추후 결정하기로 했다.
발표한 매체와 언어는 참고만 했다. 등단제도가 일본어 작품 위주로 되어 있는 현실에서 일본어로 썼다고 친일작품으로 규정하기는 곤란하기 때문이다.

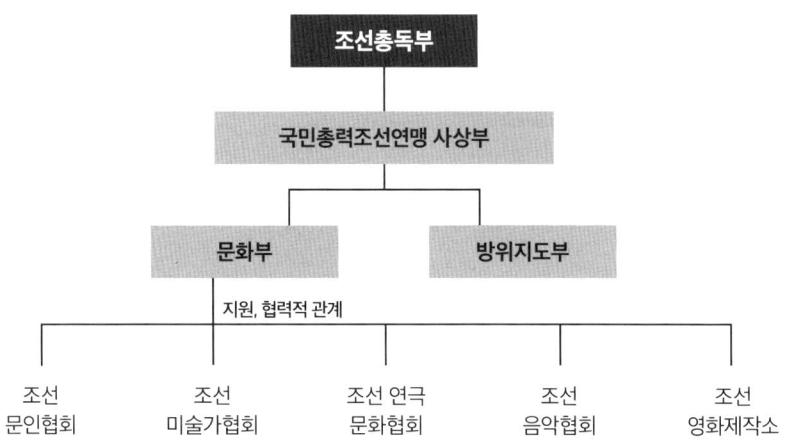

조선문인협회는 1939년 10월 이광수, 김동환 등이 '현역문인 대동단결', '국민정신총동원 조선연맹 가입', '총동원체제하 문필보국'을 내걸고 결성한 대표적인 친일문학인 단체이다.

16. 음악, 무용

1. 작사, 작곡, 편곡, 노래, 지휘, 연주, 안무, 공연, 심사, 평론, 음악교육, 강연, 방송 활동, 국민개창운동 등을 통해 일제 식민통치와 침략전쟁에 적극 협력한 자
2. 국민총력조선연맹 문화부 문화위원, 조선음악협회 이사(1, 2기), 조선연예협회 회장, 조선연극문화협회 이사 등
3. 경성음악협회 간사, 경성후생실내악단 대표·이사장·전무이사, 경성음악연구원 대표, 대일본무용연맹 이사 등 부일행위자

음악, 무용 분야 친일인물의 유형

유형	양악	국악	대중음악	무용	계(명)
외곽단체의 장 또는 간부	계정식, 김관, 김원복, 김재훈, 박경호, 홍난파, 현제명	함화진	이철		9
친일단체 간부로 개별적 행위가 있는 인물	김생려 이종태 임동혁			조택원	4
개별적 친일행위가 있는 인물	고종익, 김동진, 김성태, 김천애, 안익태, 이인범, 이흥렬, 조두남, 최희남	김기수	남인수, 박시춘, 반야월, 백년설, 손목인 외 14명	최승희	30
계(명)	19	2	20	2	43

17. 미술

1. 회화, 공예, 조각, 건축, 서예, 디자인, 만화, 삽화, 평론 등 창작과 단체활동을 통해 식민통치와 침략전쟁에 적극 협력한 자
2. 총후미술전 위원, 초대작가, 결전미술전 심사위원
3. 조선미술가협회 발기인·간사·상임위원, 국민총력조선연맹 문화부 위원, 단광회 회원
4. 총후미술전, 결전미술전에 지속적으로 출품하거나 입선한 자
5. 종군화가 개인전을 열거나 위문, 헌납한 자
6. <님의 부르심을 받들고서> 등 징병제를 찬양한 자
7. 기타 친일작품, 비평활동을 지속적으로 자행한 자

총후미술전은 전시의식을 고취시키는 전람회였으며 결전미술전은 침략전쟁 결의를 위한 전람회였다. 단광회는 회원 전원이 <조선징병제실시기념화>를 만들어 전람회 후 조선군 애국부에 헌납할 정도로 적극적 친일단체였다.

<조선징병제실시기념화>(1943년)

운전이라도 배워서 전쟁에 참여하자는 내용을 담은 만화 <멍텅구리-운전수편>, 노수현(1941년)

김기창, <적진육박> (1944년)

18. 연극, 영화

1. 연극, 영화, 가극, 만담, 평론 등 공연예술 각 분야에서 일제의 식민통치와 침략전쟁에 적극 협력한 자
2. 친일 연극·영화의 제작자(극단 대표, 영화제작자)와 연출, 감독
3. 친일 희곡·시나리오 작가
4. 주연급 배우로서 친일연극에 반복 출연하거나 이와 관련 수상 경력이 있는 자
5. 조선영화제작주식회사 사원으로서 친일영화에 반복 출연한 배우
6. 친일 연극·영화 제작에 반복 참여한 무대미술가, 촬영기사
7. 국책선전영화를 기획하거나 심의한 자

안석영, <지원병>(1941년)

연극 <북진대> 팸플릿(1942년)

방한준, <병정님>(1944년)

19. 경제

1. 경제인 중 일제침탈정책 입안 또는 의사결정을 주도한 자와 그 수행에 적극 협력한 자
2. 국책경제기관(동양척식주식회사, 조선식산은행 등)과 경제단체의 간부
3. 군수품 제조업체의 책임자
4. 기고, 광고, 좌담, 강연 등을 통해 일제의 경제침탈을 합리화하고 전쟁물자 동원에 적극 협력한 자

조선토지조사사업
기간 내에 신고하지 않은 토지를 몰수함으로써 토지소유 개념이 약하거나 세금을 무서워한 농민들의 땅을 강제로 빼앗았다. 그 결과 공유지나 산림은 모두 조선총독부 소유가 되었다.

동양척식주식회사
형식적으로는 정부와 민간자본 공동출자로 경영하는 주식회사였지만 실제로는 일본정부가 중심이 되어 토지자본을 장악하기 위한 도구로 활용했다. 그 결과 토지조사사업이 완료된 1918년에는 조선총독부 다음가는 대지주가 되었다.

조선식산은행
1918년 조선총독부의 산업정책을 금융 면에서 지원하기 위해 6개의 농공은행을 합병해 설립했다.

20. 전쟁협력자

1. 국방헌납과 모금을 주도하여 일제의 전쟁수행에 적극 협력한 자
2. 애국기, 보국기 등 비행기헌납운동에 적극 참여한 자
3. 국방비 명목으로 금품 1만 원(당시 화폐 단위) 이상 헌납한 자

21. 해외-만주

1. 만주국의 천임관 이상 관리와 친일행위가 뚜렷한 관리
2. 재만 일본기관의 고등관 이상 관리와 친일행위가 뚜렷한 일반 관리
3. 만주국의 경좌 이상 경찰, 고등경찰, 친일행위가 뚜렷한 일반 경찰
4. 재만 일본기관의 경부 이상 경찰, 고등경찰, 친일행위가 뚜렷한 일반 경찰
5. 밀정 등 첩보활동으로 일제에 적극 협력한 자
6. 군경 특무조직(간도협조회, 간도특설대, 훈춘정의단, 신선대 등)의 하사관급 이상 간부와 친일행위가 뚜렷한 일반 대원
7. 만주국의 고급관리 양성기관인 건국대학, 대동학원 등 천임관 이상 교원
8. 주요 친일단체(협화회, 민회, 흥아협회)의 핵심인물
9. 기타 국내기준에 의거 친일행위가 뚜렷한 자

22. 해외-일본

1. 고등관 이상 관리와 친일행위가 뚜렷한 일반 관리
2. 경부 이상의 경찰, 고등경찰, 친일행위가 뚜렷한 일반 관리
3. 밀정 등 첩보활동을 통해 일제에 적극 협력한 자
4. 주요 친일단체(상애회, 대동협회, 태양청년회, 애국동심회, 내선공조융화회, 내선동애회, 애국청년단 등)의 핵심인물
5. 강연, 언론, 저술활동 등을 통한 친일협력자
6. 기타 국내기준에 의거

끝

23. 해외-중국, 러시아, 기타

1. 왕정위정부, 기동정부 등 일제 괴뢰정권의 고등관 이상 관리와 친일행위가 뚜렷한 일반 관리
2. 괴뢰정부의 경찰 등으로 친일행위가 뚜렷한 자
3. ……

끝내는 말

프랑스해방 이후 친나치부역자로 처형된 프랑스인의 숫자는 적게는 9천여 명에서 많게는 10만 명까지 의견이 분분하다.

해방 당시 내무장관이었던 아드리엥 틱시에는

1953년 내무장관이었던 앙리 퀘이흐는

학자들마다 조사결과가 다르지만 대체로 3~4만 명이 처형된 것으로 알려졌다.

1997년 금방이라도 숨이 넘어갈 듯한 백발의 노인이 법정에 섰다.
주인공은 파리경찰국장과 예산장관 등 프랑스 고위관리를 지낸 87세의 모리스 파퐁.
유태인 1,690명을 아우슈비츠에 보냈던 그의 나치협력 전력이 뒤늦게 밝혀졌기 때문이다.

비시정부 내무부 부차관이었던 파퐁

파퐁은 징역 10년 형을 선고받고 3년 복역 후 출감해
96세에 사망했다. 그는 끝까지 자신의 죄를
뉘우치지 않고 무죄를 주장했다.

<르 몽드>에 실린 파퐁의 출감 기사(2002년)

프랑스의 넓은 땅을 점령한 나치의 과격행위는 피할 수 없는 일이며 특별히 비인간적인 것은 아니었다.

2012년 프랑스의 극우 정치인 장마리 르펜은 나치 옹호발언을 하다 집행유예 3개월, 벌금 1,500만 원을 선고받았다.

프랑스는 바로 형사처벌 되는군요~ 그렇다면 대한민국은?

<KBS>

김완섭 [42]

일본의 통치에 의해 (조선이) 근대국가로의 행보가 시작됐다고 봅니다. 그 때 조선총독부가 세워지지 않았다면 현재 한국의 발전도 없었을 것이라는 게 제 생각입니다

광주민주화운동 출신 평론가 김완섭

일본의 식민지배는 매우 다행스러운 일이며 원망하기보단 일본인에 감사해야….

친일협력 행위를 엄하게 단죄하려는 것은 공산주의자들의 입장

한승조
전 고려대 명예교수

반민특위로 국론 분열

나경원
자유한국당 원내대표

이승만 대통령은 왜 그렇게 친일파를 지키려고 애를 썼을까요?

이승만은 친일파가 아니었지만 친일파를 필요로 했습니다.

백범 김구

단독정부 선거에는 출마하지 않겠다.

결국 이승만은 단독 출마해 대통령이 되었지만 인기가 없었고

대부분 소장파로 이루어진 제헌의회에도 지지세력이 없어 다음 대통령선거에서 떨어질 확률이 높았다.

이승만은 지지세력이 필요했고, 친일파들은 생존과 권력유지에 이승만이 필요했기에 서로 공생, 협력했다.

반민특위 와해 후 이승만 통치기간 동안 친일파로 분류할 수 있는 일제시대 통치를 한 관료들의 수가 점점 늘어납니다.

제헌의회	2대의회	3대의회	4대의회
60명	79명	95명	104명

친일파들은 정치계, 군부, 경찰계, 법조계, 언론계, 학계, 문화계, 종교계 등 사회 모든 분야에서 권력의 핵심을 차지했고, 끝내 친일파 청산이 이루어지지 못한 채 오늘에 이르렀다.

<반민법 친일행위자 처벌 결과>

조사 대상자 **682명**
기소 **221명**

재판종결 38건 중 단 12명만이 실형을 선고받았고, 그나마 5명은 집행유예, 나머지 7명도 감형과 형집행정지로 모두 석방되었다.

참고 자료

반민족행위특별조사위원회(반민특위)에 대한 구체적인 사실관계는 출처마다 조금씩 다릅니다. 이 책에서는 주로 다음 자료들을 바탕으로 했습니다.

《해방전후사의 인식 1》 백기완, 송건호, 임헌영 지음, 한길사, 2004
《친일인명사전》 친일인명사전편찬위원회 엮음, 민족문제연구소, 2009
《잃어버린 기억의 보고서 - 증언 반민특위》 정운현 지음, 삼인, 1999
《인물로 보는 친일파 역사》 역사문제연구소 엮음, 역사비평사, 1993
《박정희와 친일파의 유령들》 한상범 지음, 삼인, 2006
《프랑스의 대숙청》 주섭일 지음, 중심, 1999
《재판으로 본 한국현대사》 한승헌 지음, 창비, 2016
<경향신문> '창간 30돌을 맞아 발굴하는 숨은 이야기들', 1977

반민특위傳
청산의 실패, 친일파 생존기

ⓒ 조남준

초판 1쇄 인쇄 2019년 11월 15일
초판 1쇄 발행 2019년 11월 20일

지은이 조남준
펴낸이 이상훈
편집인 김수영
본부장 정진항
인문사회팀 고우리 이승한
마케팅 조재성 천용호 박신영 조은별 노유리
경영지원 정혜진 이송이
디자인 DesignZoo

펴낸곳 한겨레출판(주) www.hanibook.co.kr
등록 2006년 1월 4일 제313-2006-00003호
주소 서울 마포구 창전로 70(신수동) 화수목빌딩 5층
전화 02) 6383-1602~3
팩스 02) 6383-1610
대표메일 book@hanibook.co.kr

ISBN 979-11-6040-318-3　07910

• 책값은 뒤표지에 있습니다.
• 파본은 구입하신 서점에서 바꾸어 드립니다.
• 이 책의 일부 또는 전부를 재사용하려면 반드시 저작권자와 한겨레출판(주) 양측의 동의를 얻어야 합니다.